REAL TOPIK

한국어능력시험 I 실전모의고사

| 김 대 옥 |

- 現 한양대학교 ERICA캠퍼스 국제어학원 한국어 강사
- 안산시 다문화가족지원센터 한국어 강사
- 안산시 외국인인력상담센터 한국어 강사
- 베트남 하노이 국립 외국어 대학교 한국어학과 강사
- 이화여자대학교 국제대학원 한국학과 석사 졸업
- 〈저서〉 '외국인 노동자를 위한 하하호호 한국어' 공저
  (노동부 · 산업인력공단 · 안산외국인근로자센터AFC)

| 이 선 미 |

- 現 한양대학교 ERICA캠퍼스 국제어학원 한국어 강사
- 재외동포재단 초청 CIS지역 한국어교사 연수 프로그램 강사
- 덕성여자대학교 한국어센터 강사
- 말레이시아 마라대학교 한국어 프로그램 강사
- 서울대학교 한국어센터 강사
- 이화여자대학교 교육대학원 외국어로서의 한국어 교육 석사 졸업
- 〈저서〉 '노래로 배우는 한국어' 공저 (도서출판 하우)
- 〈자문〉 EBS 'K-POP으로 배우는 다문화 한국어' 프로그램 자문위원

REAL TOPIK
한국어능력시험 I 실전모의고사

초판 인쇄 2014년 6월 23일
초판 발행 2014년 6월 27일

지은이 김대옥 · 이선미 **I 펴낸이** 박찬익 **I 편집장** 김려생 **I 책임편집** 김지은
펴낸곳 도서출판 **박이정 I 주소** 서울시 동대문구 천호대로 16가길 4
전화 02) 922-1192~3 **I 팩스** 02) 928-4683 **I 홈페이지** www.pjbook.com
이메일 pijbook@naver.com **I 등록** 1991년 3월 12일 제1-1182호

ISBN 978-89-6292-663-7 (13710)

* 책값은 뒤표지에 있습니다.

김대옥 · 이선미 지음

한국어능력시험 I
실전모의고사

도서
출판 박이정

CONTENTS I

I. 한국어능력시험 개편 방향 및 주요 내용

개편 목적

한국어능력시험에 응시하는 지원자의 증가와 한국어 보급에 대한 사회적인 요구 증대에 따라 한국어능력시험을 보다 체계적이고 효율적으로 시행하고자 개편하게 되었다.

시행일정

제35회 한국어능력시험(2014년 7월 20일)부터 적용하여 시행하며, 개편 체제의 시행으로 2014년 하반기에는 국내의 시행 횟수를 2회에서 3회로 확대하여 실시한다.

〈2014년 개편 한국어능력시험 시행 일정〉

구분	시험 일정	접수 기간	성적발표일	비고
35회	7월 20일(일)	2014.06.09.(월)~06.18(수)	2014.08.05(화)	한국만 실시
36회	- 한국: 10월 12일(일) - 미주·유럽·아프리카: 10월 11일(토) - 아시아·오세아니아·중앙아시아: 10월 12일(일)	2014.08.16(토)~08.25(월)	2014.11.10(월)	
37회	11월 23일(일)	2014.10.15(수)~10.24(금)	2014.12.10(수)	한국만 실시

* 해외지역의 경우, 상기 한국 접수 날짜와 다를 수 있으므로 현지 접수기관으로 확인 필요함.
* 발표일 15:00 기준 TOPIK 홈페이지를 통하여 발표함. 결과 발표일은 사정에 따라 변동될 수 있음.

주요 내용

1. 한국어능력시험이 '한국어능력시험 I'과 '한국어능력시험 II'로 이원화된다.

   한국어능력시험 초급은 '한국어능력시험 I'으로 바뀌며, 한국어능력시험 중급과 고급은 통합되어 '한국어능력시험 II'로 변경된다. '한국어능력시험 I'은 학습 경험이 많지 않은 한국어 학습자가 큰 부담 없이 자기 실력을 확인할 수 있도록 비교적 단순하게 출제된다. 그리고 '한국어능력시험 II'는 한국어를 지속적으로 학습해 온 학습자가 자신의 실력을 확인하고 향후 한국어 실력을 꾸준히 향상시킬 수 있도록 중급과 고급을 통합한 문제들이 출제된다.

〈시험 종류 및 등급〉

구분	기존	개편
내용	한국어능력시험 초급 (1~2급) 한국어능력시험 중급 (3~4급) 한국어능력시험 고급 (5~6급)	한국어능력시험 I (초급, 1~2급) 한국어능력시험 II (중·고급, 3~6급)
	3종류 6등급	2종류 6등급

2. '한국어능력시험 I'은 듣기·읽기 영역으로, '한국어능력시험 II'는 듣기·쓰기·읽기 영역으로 구성된다.

   수험생들의 시험 부담을 완화하기 위해 '한국어능력시험 I'은 어휘·문법 및 쓰기가 제외되고 듣기와 읽기 영역으로만 구성되며, '한국어능력시험 II'는 어휘·문법이 제외되어 듣기와 쓰기, 읽기 영역으로 구성된다. 개편되는 한국어능력시험에서 어휘·문법은 읽기·쓰기·듣기를 통하여 간접적으로 평가하게 된다.

〈시험 영역〉

구분	기존	개편
영역	초·중·고급 모두 동일: 어휘·문법, 쓰기, 듣기, 읽기	한국어능력시험 I: 듣기, 읽기 한국어능력시험 II: 듣기, 쓰기, 읽기

3. 듣기와 읽기 문항에는 큰 변화가 없다.

개편되는 한국어능력시험은 쓰기 영역을 제외하고는 문제 유형이 크게 달라지지는 않았다. 다만, 읽기 영역에 어휘·문법을 평가하는 문제가 포함되고, 쓰기 시험이 직접 글쓰기 능력을 평가하는 문제로 바뀐다는 부분이 기존 시험과 차별화되는 부분이다.

4. 쓰기 영역에서는 직접 글을 쓰는 능력을 평가하게 된다.

개편되는 한국어능력시험에서는 쓰기 영역에서 모두 4문항이 출제된다. 1번에서 2번 문항은 글의 흐름에 맞는 문장을 하나 또는 두 개를 쓰는 문제이다. 3번 문항은 일상생활과 관련해서 200자에서 300자 정도의 글을 쓰는 문제이고, 마지막 4번 문항은 논리적 글쓰기 문제로 600자에서 700자에 달하는 글을 쓰는 문제이다. 채점은 여러 명의 채점위원에 의해 이루어지며, 채점시 중점적으로 보는 내용은 어휘와 문법의 사용 수준, 글쓰기 과제의 수행 여부 등이다.

5. 초급 시험에 대한 부담이 대폭 줄었다.

시험 시간은 '한국어능력시험 I'은 현행 180분에서 100분으로 줄었으며, '한국어능력시험 II'는 180분으로 기존 시험 시간과 동일하다. 시험 문항 수 역시 한국어능력시험 I은 현행 104문항에서 70문항으로 줄어들었으며, 한국어능력시험 II는 104문항으로 기존 시험과 동일하다.

6. 획득한 총 점수에 따라 등급이 판정되며, 과락 제도가 폐지되었다.

개편되는 한국어능력시험에서는 과락 점수 제도를 폐지하고 종합 점수에 의해서만 등급을 판정한다. 이를 통해 한 영역의 점수가 낮다는 이유로 한국어 의사소통 능력을 지닌 응시자가 떨어지는 불합리한 상황을 개선하게 되었다.

7. 획득한 종합점수를 기준으로 등급이 판정된다.

구분	한국어능력시험 I		한국어능력시험 II			
	1급	2급	3급	4급	5급	6급
등급결정	80점 이상	140점 이상	120점 이상	150점 이상	190점 이상	230점 이상

〈기존 체제와 개편 체제의 세부 내용 비교〉

구분	기존	개편	
시험 종류	한국어능력시험 (TOPIK)	한국어능력시험 (TOPIK)	
시험 등급	한국어능력시험 초급 (1~2급)	한국어능력시험 I (1~2급)	
	한국어능력시험 중급 (3~4급) 한국어능력시험 고급 (5~6급)	한국어능력시험 II (3~6급)	
평가 영역	한국어능력시험	한국어능력시험 I	한국어능력시험 II
	■ 어휘 및 문법 (30문항) ■ 쓰기 (서답형 4~6문항, 선택형 10문항) ■ 듣기 (30문항) ■ 읽기 (30문항) ※ 초·중·고급 동일	■ 듣기 (30문항) ■ 읽기 (40문항)	■ 듣기 (50문항) ■ 쓰기 (4문항) ■ 읽기 (50문항)
총 문항 수	초·중·고급 각 104~106문항	70문항	104문항
	총 312~318문항	총 174문항	
총점 (시험시간)	초·중·고급 각 400점 (각 180분)	200점 (100분)	300점 (180분)
합격기준	■ 사전 공지된 등급 분할점수로 등급 판정 ■ 영역별 최저득점 요구 과락제도	■ 획득한 총 점수에 따른 인정 등급 판정 ■ 영역별 최저득점 요구하는 과락점수 폐지	
성적 유효기간	결과 발표일로부터 2년	결과 발표일로부터 2년	

※ 한국어능력시험 개편체제와 관련된 내용은 한국어능력시험 홈페이지 (http://www.topik.go.kr)에 공지된 '한국어능력시험 개편체제 시행 계획'에 근거하여 작성되었으며, 기타 궁금한 사항은 국립국제교육원 TOPIK팀 (전화:02-3668-1331, 이메일: topik@moe.go.kr)에 문의하면 된다.

II. 한국어능력시험 I 개요

한국어능력시험 I 평가 영역·문항 수·시험시간

1. 개편되는 한국어능력시험 I의 영역별 시험은 듣기, 읽기로 구성되어 있으며, 기존의 어휘·문법 및 쓰기 영역은 없어졌다. 문항 수는 듣기 영역의 경우 30문제로 기존 시험과 동일하며, 읽기 영역은 40문제로 10문제가 더 많아졌다.

2. 시험은 1교시에 듣기 영역, 2교시에 읽기 영역을 보게 된다. 듣기는 40분, 읽기는 60분의 시험 시간이 주어진다. 듣기 시험은 기존 시험에 비해 시험 시간이 5분이 줄어들었으며, 읽기 시험은 문항 수가 증가함에 따라 시간도 15분이 늘어났다.

구분	기존				개편			
	영역	문항 수	시험시간(분)	비고	영역	문항 수	시험시간(분)	비고
초급	어휘·문법	30	45	90	1교시	듣기	30	40	100	1교시
	쓰기	14	45					
	듣기	30	45	90	2교시	읽기	40	60	
	읽기	30	45					

한국어능력시험 I의 문항 수준·문항 수·배점

1. 개편되는 한국어능력시험 I의 문항 수는 듣기 영역의 경우 1급 수준과 2급 수준의 문항이 각각 15문제씩 출제되며, 배점도 각각 50점으로 동일하다. 읽기 영역 역시 1급 수준과 2급 수준의 문항이 각각 20문제씩 출제되며, 배점도 각각 50점으로 동일하다.

2. 문항 배점은 듣기 영역의 경우 '상 수준' 9문제, '중 수준' 12문제, '하 수준' 9문제가 출제되어 '중 수준' 문제가 가장 높은 비중을 차지하고 있다. 읽기 영역은 '상 수준' 12문제, '중 수준' 16문제, '하 수준' 12문제로, 듣기 영역과 마찬가지로 '중 수준'의 문제가 많이 출제됨을 알 수 있다. 각 문항당 배점은 듣기와 읽기 영역 모두 한 문제당 3~4점으로 이루어져 있다.

기존 TOPIK 초급 (듣기, 읽기)				개편 TOPIK I (듣기, 읽기)			
급	문항 수준	문항 수	배점(점)	급	문항 수준	문항 수	배점(점)
듣기 2급	상	4	50	듣기 2급	상	3	50
	중	7			중	6	
	하	4			하	6	
듣기 1급	상	4	50	듣기 1급	상	6	50
	중	7			중	6	
	하	4			하	3	
읽기 2급	상	4	50	읽기 2급	상	4	50
	중	7			중	8	
	하	4			하	8	
읽기 1급	상	4	50	읽기 1급	상	8	50
	중	7			중	8	
	하	4			하	4	

* 상: 다소 어려운 수준 / 중: 보통 수준 / 하: 다소 쉬운 수준

국가별 한국어능력시험 일시

한국어능력시험의 나라별 시험 일시는 다음과 같다. '중국 등' 나라에는 중국(홍콩 포함), 몽골, 대만, 필리핀, 싱가포르, 부르나이가 포함되며, 시험 시간은 현지 시간을 기준으로 한 것이다. 수험생들은 한국어능력시험 I과 한국어능력시험 II에 복수 지원할 수 있다.

구분	교시	영역	중국 등			한국, 일본			기타 국가			시험시간 (분)
			입실시간	시작	종료	입실시간	시작	종료	입실시간	시작	종료	
한국어능력시험 I	1교시	듣기 읽기	08:40	09:00	10:40	09:40	10:00	11:40	09:10	09:30	11:10	100

* TOPIK I은 1교시만 실시함

III. 듣기 시험 특징과 문항 유형

1. 기존 한국어능력시험과 마찬가지로 총 30문제가 출제되며, 배점에 있어서도 한 문제당 3~4점으로 동일하다. 단, 기존 시험에는 3점짜리 문제와 4점짜리 문제가 섞여 있었는데, 개편되는 한국어능력시험 I의 경우 1번부터 20번까지 3점, 21번부터 30번까지 4점으로 구성되어 있다.

2. 기존 한국어능력시험에 있었던 음운 변별 능력을 측정하는 문제가 삭제되었고, 그 외의 문항 유형들은 개편되는 시험에도 그대로 유지되어 큰 변화는 찾아볼 수 없다. 개편되는 한국어능력시험의 문항 유형을 살펴보면, 대화의 세부 내용을 묻는 문제가 가장 많이 출제되었고, 대화를 듣고 이어지는 말 고르기, 대화의 화제 및 중심 생각 파악하기, 대화 장소 추론하기 등의 유형이 많은 비중을 차지하고 있다. 개편되는 시험의 문항 유형을 정리해 보면 다음과 같다.

〈한국어능력시험 I 듣기 문항 유형 및 문항 수〉

	문항 유형	문항 수
1	대화의 세부 내용 파악하기	8
2	대화를 듣고 이어지는 말 고르기	6
3	대화의 화제, 중심 생각 파악하기	5
4	대화 장소 추론하기	4
5	대화 참여자 파악하기	3
6	대화 상황에 맞는 그림 고르기	2
7	대화의 목적 파악하기	1
8	대화에 나오는 행동이나 사건의 이유·목적 파악하기	1

3. 듣기 텍스트의 경우, 소개, 인사, 주문, 예약, 쇼핑, 교환 및 환불, 길 안내, 약속, 부탁 등 우리가 흔히 접할 수 있는 일상생활과 관련된 주제 및 상황이 제시된다. 그리고 25번~26번의 텍스트를 제외한 모든 텍스트가 남녀 두 명이 대화를 주고받는 쌍방향 대화의 형식으로 이루어져 있다. 25번~26번 문제의 경우, 안내 방송, 광고, 공고와 같은 독백형 담화가 제공된다.

4. 초급 듣기는 한 문제당 2번씩 들려준다.

한국어능력시험Ⅰ 듣기 문항틀

대문항	소문항	배점	출제 의도	문항 유형	지시문	핵심 포인트
1-4	1	3	대화 구성 능력을 측정한다.	듣고 이어지는 말 고르기	다음을 듣고 〈보기〉와 같이 물음에 맞는 답을 고르십시오.	1번에서 2번은 의문사가 없는 의문문으로 '네/아니요'로 대답하는 선택지가 제시된다. 형용사나 동사의 반대 말을 알고 있어야 대답할 수 있는 문제들이 많다. 3-4번은 의문사가 있는 의문문으로 과거·현재·미래 시제까지 유념해서 풀어야 한다.
	2	3				
	3	3				
	4	3				
5-6	5	3	대화 구성 능력을 측정한다.	듣고 이어지는 말 고르기	다음을 듣고 〈보기〉와 같이 다음 말에 이어지는 것을 고르십시오.	일상생활에서 흔히 이루어지는 대화 상황이 제시되며 이에 대한 적절한 응답을 찾는 문제이다.
	6	3				
7-10	7	3	대체적인 내용 파악 능력을 측정한다.	대화 장소 찾기	여기는 어디입니까? 〈보기〉와 같이 알맞은 것을 고르십시오.	두 사람의 대화가 이루어지는 장소를 추론하는 문제이다. 초급에 나오는 장소와 관련된 단어들을 정리해서 공부해 둘 필요가 있다.
	8	3				
	9	3				
	10	3				

대문항	소문항	배점	출제 의도	문항 유형	지시문	핵심 포인트
11-14	11	3	대체적인 내용 파악 능력을 측정한다.	듣고 화제 찾기	다음은 무엇에 대해 말하고 있습니까? 〈보기〉와 같이 알맞은 것을 고르십시오.	두 사람이 무엇에 대해 이야기하고 있는지 대화의 화제를 찾는 문제이다.
	12	3				
	13	3				
	14	3				
15-16	15	3	대체적인 내용 파악 능력을 측정한다.	전체 내용 파악하기	다음 대화를 듣고 알맞은 그림을 고르십시오.	두 사람의 대화를 듣고 대화가 이루어지는 상황을 잘 표현한 그림을 찾는 문제이다.
	16	3				
17-21	17	3	특정 정보 파악 능력을 측정한다.	세부 내용 파악하기	다음을 듣고 〈보기〉의 대화 내용과 같은 것을 고르십시오.	두 사람의 대화를 잘 듣고 대화의 세부 내용과 일치하는 것을 찾는 문제이다. 뒤로 갈수록 대화쌍이 길어지며, 선택지에는 남자가 말한 내용과 여자가 말한 내용이 각각 2개씩 제시된다.
	18	3				
	19	3				
	20	3				
	21	4				
22-24	22	4	전체 내용 파악 능력을 측정한다.	대화 참여자 파악하기	다음을 듣고 대화 내용과 같은 것을 고르십시오.	두 사람이 어떤 상황에서 무엇에 대해 대화를 나누고 있는지를 파악하는 문제이다.
	23	4				
	24	4				
25-26	25	4	전체 내용 파악 능력을 측정한다.	대화 상황 파악하기	어떤 이야기를 하고 있는지 고르십시오.	25번~26번에는 방송, 광고, 공고와 같은 독백형 담화가 제공된다. 25번은 담화의 목적을 파악하는 문제이며, 26번은 담화의 세부적인 내용을 확인하는 문제이다.
	26	4	세부 정보 파악 능력을 측정한다.	세부 내용 파악하기	들은 내용과 같은 것을 고르십시오.	
27-28	27	4	전체 내용 파악 능력을 측정한다.	중심 생각 파악하기	두 사람이 무엇에 대해 이야기하고 있습니까?	27번은 두 사람의 대화 주제를 묻는 문제로 무엇에 대해 이야기하고 있는지를 파악해야 한다. 28번은 대화의 세부적인 내용을 정확히 들었는지를 확인하는 문제이다.
	28	4	세부 정보 파악 능력을 측정한다.	세부 내용 파악하기	들은 내용과 같은 것을 고르십시오.	
29-30	29	4	전체 내용 파악 능력을 측정한다.	이유/목적 파악하기	○○이/가 왜 -ㅂ/습니까?	29번은 두 사람의 대화를 듣고 대화 속에 나타난 행동이나 사건의 이유 또는 목적을 묻는 문제이다. 30번은 세부 내용을 정확히 들었는지를 확인하는 문제이다.
	30	4	세부 정보 파악 능력을 측정한다.	세부 내용 파악하기	들은 내용과 같은 것을 고르십시오.	

IV. 읽기 시험 특징과 문항 유형

1.   개편되는 읽기 시험은 총 40문항으로, 기존의 읽기 시험보다 10문항이 더 많아졌다. 시험 시간은 60분이며 배점은 난이도에 따라서 2점과 3점으로 채점된다. 어휘·문법 및 쓰기 시험이 없어지면서 읽기 문항에 어휘와 문법 능력을 평가하는 문제들이 포함되었다.

2. 초급에서의 읽기 평가의 목표가 일상생활에서 자주 접하는 주제나 기능을 담은 간단한 글을 읽고 이해하는지 확인하는 것인 만큼, 개편된 읽기 시험에서는 실생활에서 접할 수 있는 소재들을 다룬 짧은 텍스트들이 제시되고 있다. 광고와 안내문, 영수증, 명함, 메모 그리고 실생활에서 자주 접하는 친숙한 소재나 주제의 설명문, 실용문이 주를 이룬다. 텍스트는 짧은 문장과 4~7개 문장 이내로 구성되어 있다.

3. 개편되는 초급 읽기 문항 유형은 대부분이 기존의 문항 유형과 같으며 텍스트의 세부 내용 파악하기 유형이 많아졌다. 새로운 문항으로는 조사를 묻는 문항과 담화 능력을 알아보는 문장 순서 제시하기 유형과 글의 목적 파악하기 유형이 새로 추가되었다. 없어진 문항으로는 단어에 맞는 그림 찾기 유형이 없어졌다.

〈한국어능력시험 I 읽기 문항 유형 및 문항 수〉

	문항 유형	문항 수
1	텍스트의 세부 내용 이해하기	16
2	문장 내 적절한 어휘 고르기	5
3	문장을 읽고 글의 중심 소재 찾기	3
4	문장을 읽고 관계있는 문장 찾기 (같은 내용 찾기)	3
5	중심 생각 찾기	3
6	정보 파악하기 (광고, 영화표 등 시각 텍스트)	3
7	글을 쓴 목적 파악하기	2

문항유형		문항 수
8	맥락에 맞게 문장 순서 배열하기	2
9	문장 삽입하기	1
10	접속사 고르기	1
11	문장 내 적절한 조사 고르기	1

4. 읽기 평가에서 좋은 성적을 받으려면 일상생활에서 자주 접하는 화제, 소재, 주제, 기능을 다룬 간단한 글을 많이 읽어야 한다. 단문에서 시작해서 짧은 서술문, 광고문, 안내문 등 간단하면서 다양한 담화의 내용들을 이해할 수 있어야겠다.

한국어능력시험 I 읽기 문항틀

대문항	소문항	배점	출제 의도	문항 유형	지시문	핵심 포인트
31-33	31	2	내용 범주 파악 여부를 측정한다.	소재 파악하기	무엇에 대한 이야기입니까?	제시된 짧은 두 문장을 보고 무엇에 대한 이야기인지 골라야 한다.
	32	2				
	33	3				
34-39	34	2	맥락 이해 여부를 측정한다.	문맥에 알맞은 어휘·문법 찾기	( )에 제일 알맞은 것을 고르십시오.	이 문제들은 어휘를 찾는 문제들로 명사와 동사, 형용사, 부사를 묻는 문제들이다. 연어를 묻는 문제도 출제가 된다. 신규 문제로는 문법 문제에 해당하는 '조사 고르기' 문제가 포함된다.
	35	2				
	36	2				
	37	3				
	38	3				
	39	2				

대문항	소문항	배점	출제 의도	문항 유형	지시문	핵심 포인트
40-42	40	3	간단한 실용문의 이해 능력을 측정한다.	세부 내용 파악하기	다음을 읽고 맞지 않는 것을 고르십시오.	모임 광고, 기차표, 안내도, 영수증 등 다양한 시각 텍스트를 보고 맞지 않는 것을 골라야 하는 문제이다.
	41	3				
	42	2				
43-45	43	3	서술문의 이해 능력을 측정한다.	세부 내용 파악하기	다음의 내용과 같은 것을 고르십시오.	각 문제당 3개의 문장으로 된 텍스트를 읽고 답을 골라야 한다.
	44	3				
	45	3				
46-48	46	3	중심 생각 파악 능력을 측정한다.	중심 생각 파악하기	다음을 읽고 중심 생각을 고르십시오.	각 문제당 3개의 문장으로 된 텍스트를 읽고 가장 중요한 문장을 골라야 한다.
	47	3				
	48	2				
49-50	49	2	맥락 이해 능력을 측정한다.	맥락에 맞는 내용 파악하기	(　)에 들어갈 알맞은 것을 고르십시오.	3~5개 문장의 텍스트를 읽고 두 문제에 해당하는 답을 골라야 한다. 49번 문제는 (　)에 적당한 말을 고르는 문제로 앞과 뒤의 문장을 읽고 유추할 수 있어야 한다.
	50	2	세부 내용 이해 여부를 측정한다.	세부 내용 파악하기	내용과 같은 것을 고르십시오.	
51-52	51	2	맥락 이해 능력을 측정한다.	맥락에 맞는 내용 파악하기	(　)에 들어갈 알맞은 것을 고르십시오.	4~5개 문장으로 된 텍스트를 읽고 두 개의 문제에 해당하는 답을 고르는 문제이다. 52번은 신규 문제로 주제를 고르는 문제인데, 이 글이 무엇에 대해 이야기하고 있는지를 파악해야 한다.
	52	2	중심 내용 이해 능력을 측정한다.	주제 파악하기	무엇에 대한 이야기입니까?	
53-54	53	2	맥락 이해 능력을 측정한다.	맥락에 맞는 내용·문법 파악하기	(　)에 알맞은 말을 고르십시오.	4~5개 문장으로 된 텍스트를 읽고 두 개의 문제에 해당하는 답을 고르는 문제이다. 53번은 신규 문제로 문맥에 맞는 내용과 문법을 모두 갖춘 답을 골라야 한다.
	54	3	세부 내용 이해 여부를 측정한다.	세부 내용 파악하기	내용과 같은 것을 고르십시오.	
55-56	55	2	맥락 이해 능력을 측정한다.	상황이나 맥락 활용하기	(　)에 들어갈 알맞은 말을 고르십시오.	4~5개 문장으로 된 텍스트를 읽고 두 개의 문제에 해당하는 답을 고르는 문제이다. 55번 문제는 접속사를 고르는 문제로 글의 흐름을 파악하는 능력이 필요하다.
	56	3	세부 내용 이해 여부를 측정한다.	세부 내용 파악하기	글의 내용과 같은 것을 고르십시오.	
57-58	57	2	맥락 이해 능력을 측정한다.	순서 파악하기	다음을 순서대로 맞게 나열한 것을 고르십시오.	각 문제당 4개의 문장이 제시되고 올바른 순서대로 나열한 답을 고르는 문제이다. 난이도가 있는 문제로 글의 논리적 흐름을 파악할 수 있어야 한다.
	58	3				

대문항	소문항	배점	출제 의도	문항 유형	지시문	핵심 포인트
59-60	59	2	맥락 이해 능력을 측정한다.	상황이나 맥락 활용하기	〈보기〉 문장이 들어갈 곳을 고르십시오.	4~5개 문장으로 된 텍스트를 읽고 두 개의 문제에 해당하는 답을 골라야 한다.
	60	3	세부 내용 이해 여부를 측정한다.	세부 내용 파악하기	글의 내용과 같은 것을 고르십시오.	
51-62	61	2	맥락 이해 능력을 측정한다.	맥락에 맞는 내용 파악하기	(　)에 들어갈 알맞은 말을 고르십시오.	4~5개 문장으로 된 텍스트를 읽고 두 개의 문제에 해당하는 답을 골라야 한다.
	62	2	세부 내용 이해 여부를 측정한다.	세부 내용 파악하기	글의 내용과 같은 것을 고르십시오.	
63-64	63	2	글의 목적을 파악한다.	이유, 목적 파악하기	이 사람은 왜 이 글을 썼습니까?	4~5개 문장으로 된 텍스트를 읽고 두 개의 문제에 해당하는 답을 골라야 한다. 63번은 신규 문제로 글쓴이가 왜 이 글을 썼는지에 대해 분석할 수 있어야 한다.
	64	3	세부 내용 이해 여부를 측정한다.	세부 내용 파악하기	글의 내용과 같은 것을 고르십시오.	
65-66	65	2	맥락 이해 능력을 측정한다.	맥락에 맞는 내용 파악하기	(　)에 들어갈 알맞은 말을 고르십시오.	4~5개 문장으로 된 텍스트를 읽고 두 문제에 해당하는 답을 골라야 한다.
	66	3	세부 내용 이해 여부를 측정한다.	세부 내용 파악하기	글의 내용과 같은 것을 고르십시오.	
67-68	67	3	맥락 이해 능력을 측정한다.	맥락에 맞는 내용 파악하기	(㉠)에 들어갈 알맞은 말을 고르십시오.	4~5개 문장으로 된 텍스트를 읽고 두 문제에 해당하는 답을 골라야 한다. 68번은 신규 문제로 내용·문법이 모두 맞는 답을 골라야 한다.
	68	3	맥락 이해 능력을 측정한다.	맥락에 맞는 내용·문법 파악하기	(㉡)에 들어갈 알맞은 말을 고르십시오.	
69-70	69	3	맥락 이해 능력을 측정한다.	맥락에 맞는 내용 파악하기	(　)에 들어갈 알맞은 말을 고르십시오.	4~5개 문장으로 된 텍스트를 읽고, 두 문제에 해당하는 답을 고르는 문제이다.
	70	3	세부 내용을 파악한다.	세부 내용 파악하기	이 글의 내용과 같은 것을 고르십시오.	

I. Direction of TOPIK reorganization & main contents

Propose of Renewal

According to TOPIK testees'increasing and growing requirement, the TOPIK committee reorganize system about the effectiveness of TOPIK.

Execution schedule

The TOPIK committee has until July 20th 2014 to change policies and in the second half of year in 2014 implementation will be expanded 2~3 times.

〈The renewal TOPIK Exam dates as of 2014〉

Exam	Exam dates	Application period	Test score announcement date	Remarks
35th	07.20 (Sun)	'14.06.09 (Mon)~06.18 (Wed)	'14.08.05. (Tue)	Korea only
36th	- Korea: 10.12 (Sun) - The Americas · Europe · Africa: 10.11 (Sat) - Asia · Oceania · Central Asia: 10.12 (Sun)	'14.08.16 (Sat)~08.25 (Mon)	'14.11.10. (Mon)	
37tH	11.23 (Sun)	'14.10.15 (Wed)~10.24 (Fri)	'14.12.10. (Wed)	Korea only

* Testees' who took the exam overseas must check the date in the local council of registers.
* The test score can be found on the TOPIK homepage (http://www.topik.go.kr) at the local time 15:00 in the test score announcement date. The test score announcement date can move.

Main contents

1. TOPIK divides into 'TOPIK I' & 'TOPIK II'.

   TOPIK is divided into 'TOPIK I' & 'TOPIK II'. TOPIK elementary level will change to 'TOPIK I', while the intermediate & advanced levels combine to form 'TOPIK II'. 'TOPIK I' contains set exam questions easy for testees who have not had much language study experience. Testees who study Korean continuously can check their ability and improve their ability steadily through 'TOPIK II'.

⟨Types of Exam & Levels⟩

Section	Existed exam	Renewal exam
Types	TOPIK Elementary (Level 1~2) TOPIK Intermediate (Level 3~4) TOPIK Advanced (Level 5~6)	TOPIK I (Elementary, Level 1~2) TOPIK II (Intermediate · Advanced, Level 3~6)
	3 types & 6 levels	2 types & 6 levels

2. 'TOPIK I' is made up of listening & reading comprehension sections, 'TOPIK II' is made up of listening, writing, reading comprehension sections.

   To relieve the burden on the testees, TOPIK I does not include vocabulary, grammar, or writing sections. TOPIK II does not include vocabulary and grammar but it consists of listening, writing, and reading areas. In the renewed TOPIK, vocabulary and grammar is evaluated through the reading, writing and listening tests indirectly.

<Exam area>

Section	Existed exam	Renewal exam
Contents of exam	Elementary · Intermediate · Advanced are all the same. Vocabulary, Grammar, writing, Listening, Reading	TOPIK I: Listening, Reading TOPIK II: Listening, Writing, Reading

3. There is not much difference between listening & reading comprehension.

Except for writing comprehension, there is not much reorganization in The renewed TOPIK. There are, however, vocabulary and grammar questions included in the reading aomprehension section.

4. Writing comprehension evaluates testees' expression writing ability.

In the renewed TOPIK, there are four types of questions concerning writing comprehension. Question 1 and 2 will require testees to answer questions based on a short passage of text. Question 3 requires a written essay about everyday life of 200 to 300 words. Question 4 is writing an essay about a logical subject on 600 to 700 words. The grading testees' papers depends on the graders' opinion as well applying scoring standards to the testees' vocabulary, grammar usage, task performance and so on.

5. The burden of the elementary test reduce drastically.

Exam time of TOPIK I will be reduced from 180 minutes to 100 minutes, while TOPIK II remains the same as the existed exam. The number of TOPIK I question diminished from 104 questions to 70 questions, while TOPIK II again remains the same with 104 questions.

6. Rating method is related to testees' total score and the 'Fail system' falls out of use.

In the renewed TOPIK, the 'fail a subject system' falls out of use and the rating method is related to the testees' total score. It means that testees' overall ability in Korean is considered and if some testees get a low score in only one area, they will not, receive a failing grade in the renewed TOPIK.

7. Testees' total score can evaluate testees' level.

Section	TOPIK I		TOPIK II			
	level 1	level 2	level 3	level 4	level 5	level 6
Standard of evaluation	more than 80 points	more than 140 points	more than 120 points	more than 150 points	more than 190 points	more than 230 points

〈Details comparison of existed & renewal policy〉

Section	Existed exam		Renewal exam	
Exam type	TOPIK		TOPIK	
Exam level	TOPIK elementary (level 1~2)		TOPIK I(level 1~2)	
	TOPIK intermediate(level 3~4) TOPIK advanced(level 5~6)		TOPIK II(level 3~6)	
Range of Evaluation	TOPIK		TOPIK I	TOPIK II
	■ Vocabulary & Grammar(30 questions) ■ Writing(Description type: 4~6 Questions, Multiple-choice: 10 Questions) ■ Listening(30 questions) ■ Reading(30 questions) ※ Types of Elementary, Intermediate & Advanced questions are same.		■ Listening(30 questions) ■ Reading(40 questions)	■ Listening(50 questions) ■ Writing(4 questions) ■ Reading(50 questions)
Number of Questions	Elementary · Intermediate · Advanced Each 104~106 Questions		70 Questions	104 Questions
	Total 312~318 Questions		Total 174 Questions	
Score (Test Times)	Elementary · Intermediate · Advanced Each 400 scores(Each 180 minutes)		200 scores(100 minutes)	300 scores(180 minutes)
Pass / Fail Decision	■ Evaluation of pass or fail is based on each exam score. ■ Average score of all areas must exceed passing score of each.		■ Evaluation of pass or fail is based on total exam score ■ Average score of all areas must exceed passing score of each is disused.	
Validity of exam score	Expiration 2 years from announcement date.		Expiration 2 years from announcement date.	

※ TOPIK renewal reports can be found on the TOPIK homepage (http://www.topik.go.kr). If you have any more questions about the renewed exam, you can contact the TOPIK team (Tel. 82-2-3668-1331, E-mail: topik@moe.go.kr).

II. TOPIK I summary

TOPIK I: Renewed exam types, question numbers & exam time.

1. The renewed TOPIK Iconsist of 2 exams: the listening and reading exam. It is no longer to evaluate the testees' competence of vocabulary, grammar and writing. The listening test in the renewed TOPIK has 30 questions and it is same as the existing exam. The reading test in the renewed TOPIK adds 10 questions to the existing questions. There is a total of 40 questions in exam.

2. The exam consists of 2 sections that the listening exam in the first class and the reading exam in the second class. The listening test have to solve questions on 40 minutes and the reading test have to solve questions on 60 minutes. The time of listening test get less 5 minutes than the existing exam time. The reading test, however, get more 15 minutes than the existing exam time adding to the increasing number of questions.

Level	Existed exam				Renewal exam			
	Section	Number of Questions	Test time (min.)	Remarks	Section	Number of Questions	Test time (min.)	Remarks
Elementary	Vocabulary Grammar	30	45	90 (1st session)	Listening	30	40	100 (1st session)
	Writing	14	45					
	Listening	30	45	90 (2nd session)	Reading	40	60	
	Reading	30	45					

TOPIK I: Level of question · question numbers · score distribution

1. The questions numbers of TOPIK Iare consist of 15 questions on each level(level 1 question＋level 2 qustion＝30) and the score distribution of level 1 that has 50 points is same as level 2. The exam of reading has each 20 questions on level 1 and level 2 and the score distribution set 50 points on each level.

2. The score distribution of the renewed listening exam is separated evenly by level standard: 'High level' 9 questions, 'Medium level' 12 questions, 'Low level' 9 questions. So the renewed listening exam spend a large part of questions on the medium level. The score distribution of the renewed reading exam is separated evenly by level standard: 'High level' 12 questions, 'Medium level' 16 questions, 'Low level' 12 questions. So the renewed reading exam are same as the listening exam that spend a large part of questions on the medium level. The score distribution of TOPIK I set 3~4 points on each questions.

Existed elementary (Listening, Reading)					Renewal exam TOPIK II (Listening, Reading)				
Level		Difficulty	Number of questions	Score	Level		Difficulty	Number of questions	Score
Listening	level 2	High	4	50	Listening	level 2	High	3	50
		Medium	7				Medium	6	
		Low	4				Low	6	
	level 1	High	4	50		level 1	High	6	50
		Medium	7				Medium	6	
		Low	4				Low	3	

Existed elementary (Listening, Reading)				Renewal exam TOPIK II (Listening, Reading)			
Level		Difficulty	Number of questions	Score	Level		Difficulty	Number of questions	Score
Reading	level 2	High	4	50	Reading	level 2	High	4	50
		Medium	7				Medium	8	
		Low	4				Low	8	
	level 1	High	4	50		level 1	High	8	50
		Medium	7				Medium	8	
		Low	4				Low	4	

* Difficulty
High: difficult level / Medium: normal level / Low: easy level

Each country exam dates

'China, etc.' countries includes China(including Hong kong), Mongolia, Taiwan, the Philippines, Singapore, and Brunei. Exam dates may be different for overseas applicants. Please check with the nation's affiliated institution. Testee can apply multiply times for TOPIK I & TOPIK II.

Exam	Session	Section	China, etc.			Korea, Japan			Other countries			Test time (min.)
			Entrance	Exam Start	Exam Ends	Entrance	Exam Start	Exam Ends	Entrance	Exam Start	Exam Ends	
TOPIK I	1st Session	Listening Reading	08:40	09:00	10:40	09:40	10:00	11:40	09:10	09:30	11:10	100

* TOPIK I carries out the test on the 1st class only.

III. Characteristic of listening tests and question types

1. The renewed listening exam is the same as the existing TOPIK. It has 30 questions and its score distribution is 3~4 points for each question. In the existing TOPIK, however, the order of questions is mixed with 3~4 points questions. In the renewal TOPIK questions 1−20 will be worth 3 points and 21−30 will be worth 4 points each.

2. The existing question that evaluates the testees' competence to distinguish phonetic changes is absent in the renewed TOPIK. Except for this, there are no great changes in the exam. In the renewal TOPIK, there are many types of questions included in the exam. For example, there are questions to ask about the contents of the conversation, to make testees choose the next paragraph, to find the main topic in the conversation, and to guess the place in the conversation. The following is the arrangement of the types of TOPIK I questions.

〈TOPIK I: Types of listening questions & Numbers of questions〉

	Types of questions	Number of questions
1	To understand detailed contents	8
2	To choose a proper expression after listening	6
3	To grasp the main topic & the writer's thought	5
4	To guess the conversation place	4
5	To understand the participants of the conversation	3
6	To choose a picture in accordance with the conversation	2
7	To understand the purpose of the conversation	1
8	To understand the reason about action & expression in the conversation	1

3. The listening text consists of a topic related to daily life such as an introduction, a greeting, an order, a reservation, shopping, obtaining a refund, guiding, promises, and requests. All of the texts, except the text for questions 25 and 26, consist of a conversation between two people. Questions 25 and 26 are about announcements, advertisements, and notices. These are written and listened to as monologues.

4. The listening exam for the elementary level each question plays two times.

TOPIK I Listening: The question framework

Top question	Sub-question	Score	Intent of questions	Types of Questions	Instruction	Key point
1-4	1	3	To evaluate the testees' competence to make a conversation after listening to the text.	To listen and choose a connected expression	Listen carefully and choose the correct answer as in the sample sentence.	Questions 1 and 2 have no interrogative words. Testees can choose 'yes or no'. There are many questions to evaluate the 6 testees' knowledge of antonyms of adjective words and action verb. Question 3 to 4 have interrogative words in the sentence so testees have to listen carefully and understand tense(past, present, future) well when they solve questions.
	2	3				
	3	3				
	4	3				
5-6	5	3	To evaluate the testees' ability to make a conversation after listening to the text.	To listen and choose a connected expression	Listen carefully and choose the answer that can be followed, as in the sample sentence.	This question's purpose is to have testees listen do a daily conversation carefully and find the correct answer.
	6	3				

Top question	Sub-question	Score	Intent of questions	Types of Questions	Instruction	Key point
7-10	7	3	To evaluate the testees' competence in understanding overall information in the text	To find the place of conversation	Where is this place? Choose the correct answer, as in the sample sentence.	This question evaluates the testees competence to guess the place of the conversation. In the elementary level, testee's have to study the vocabulary related to places.
	8	3				
	9	3				
	10	3				
11-14	11	3	To evaluate the testees' competence in understanding overall information in the text	To listen and find the main topic	What is the following text's main topic? Choose the answer, as in the sample sentence.	This question's purpose is to have testees listen to a conversation between two people carefully and find a main topic.
	·2	3				
	13	3				
	14	3				
15-16	15	3	To evaluate the testees' competence in understanding overall information in the text	To find the overall meaning of the text	Listen carefully and choose the correct picture.	This question's purpose is to have testees listen to a conversation between two people carefully and find the picture matched with the text.
	16	3				
17-21	17	3	To evaluate the testees' competence in understanding specific objects in the text	To understand detailed contents in the text	Listen carefully and choose the answer in accordance with the text.	This question's purpose is to have testees listen to a conversation carefully and find the matching answer in accordance with the contents. The text of the conversations becomes longer as it went on. Of the answers, two are contents of the male character's speech, two are contents of the female character's speech.
	18	3				
	19	3				
	20	3				
	21	4				
22-24	22	4	To evaluate the testees' competence in understanding the text	To understand the speakers' attitude during the conversation	Listen carefully and choose the answer in accordance with the text.	This question evaluate the testees' competence in understanding the conversation and finding the main subject.
	23	4				
	24	4				

Top question	Sub-question	Score	Intent of questions	Types of Questions	Instruction	Key point
25-26	25	4	To evaluate the testees' competence in understanding the text	To understand the conversation's situation	Choose the main topic.	Question 25 and 26 have a monologue text such as an advertisement, broadcasting, or notice. Question 25 evaluates the testees' competence in understanding the purpose of the discourse. Question 26 evaluates the testees' competence in understanding detailed contents.
	26	4	To evaluate the testees' competence in understanding detailed contents	To understand detailed contents in the text	Listen carefully and choose the answer in accordance with the text.	
27-28	27	4	To evaluate the testees' competence in understanding the text	To find the main subject	What are they talking about?	Question 27's purpose is to have testees listen a conversation between 2 people carefully and find the main topic. Question 28 is checking the testees' competence in understanding detailed contents well.
	28	4	To evaluate the testees' competence in understanding detailed contents	To understand detailed contents in the text	Listen carefully and choose the answer in accordance with the text.	
29-30	29	4	To evaluate the testees' competence in understanding the text	To find the reason and purpose in the text	Why did he or she act like that?	Question 29 tests testees' competence in grasping the speaker's actions and the conversation's purpose. Question 30 is checking the testees' competence in understanding detailed contents of the conversation.
	30	4	To evaluate the testees' competence in understanding detailed contents	To understand detailed contents in the text	Listen carefully and choose the answer in accordance with the text.	

IV. Characteristic of reading tests and question types

1. The renewed reading exam has 10 more questions than the existing exam. The renewed exam time is 60 minutes and the score distribution consists of 2 or 3 points for each question. It is graded by the question's difficulty. There have been questions added in place of the deleted questions. The vocabulary, grammar, and writing exam is now absent and testees are evaluated in their competence on the vocabulary and grammar directly within the reading questions.

2. The purpose of the elementary level exam is to evaluate the testees' competence to read and understand stories about common subjects. For this reason, in the renewed reading exam, there are many short texts related to daily life. For example: advertisements, the the receipts, buisiness cards, memos and so on. The texts consist of 4–7 sentences.

3. The overall renewed reading exam is similar to the existing exam, but there have been questions added to find detailed contents in the text. There are many types of questions in the reading exam. For example: to ask about particles, to arrange sentences in order, which evaluates the testees' competence in understanding discourse to understand the purpose of the text. The question asking testee to find the picture that matches the text has been deleted.

⟨TOPIK I: Types of reading questions & Numbers of questions⟩

	Types of questions	Number of questions
1	To understand detailed contents	16
2	To choose the appropriate vocabulary for the sentence	5
3	To read the sentence and find the main topic	3
4	To find a sentence related to the text(To find the same meaning)	3
5	To find the main subject	3
6	To find the information(Advertisements, movie tickets and so on.)	3
7	To find the writings purpose	2
8	To put the sequence in order	2
9	To insert sentences	1
10	To choose conjunctive adverbs	1
11	To choose proper particles in the text	1

4. To get a good grade in the reading exam testees must read through many simple texts such essays about daily life. Testees have to understand overall texts ranging from simple paragraphs to complex discourse such as advertising descriptions and instructions.

TOPIK I Reading : The question framework

Top question	Sub-question	Score	Intent of questions	Types of Questions	Instruction	Key point
31-33	31	2	To evaluate the testees' understanding of the text	To find the main subject	Read the following and find the main topic of the text.	After reading two sample sentences the testee must choose the best answer.
	32	2				
	33	3				
34-39	34	2	To evaluate the testees' understanding of the paragraph	To find grammar and vocabulary in accordance within the text	Choose the answer that can best fill in the blanks.	These questions are related to the testees' knowledge of vocabulary. They also contain questions that evaluate the testees' competence in using collocations. The renewed questions include the form of 'choosing the correct particle in the blank'.
	35	2				
	36	2				
	37	3				
	38	3				
	39	2				
40-42	40	3	To evaluate the testees' competence in understanding simple sentences	To understand detailed contents in the text	Choose the answer that does not match the content.	Testees have to choose the answer that doesn't match the text such as an advertisement about a meeting, a train ticket, guidance, and a receipt.
	41	3				
	42	2				
43-45	43	3	To evaluate the testees' competence in understanding the text	To understand detailed contents in the text	Read the following and find the answer that has the same meaning as the text,	After reading the text, which is composed of three sentences for each answer, testees must choose the correct answer.
	44	3				
	45	3				
46-48	46	3	To evaluate the testees' competence in finding the main topic in the text	To find the main opinion of the text	Read the following and find the main topic of the text.	Testees have to choose the most important sentence in the text which is composed of three sentences for each question. Owing to the complicated test, testees must think carefully in order to solve the question.
	47	3				
	48	2				

Top question	Sub-question	Score	Intent of questions	Types of Questions	Instruction	Key point
49-50	49	2	To evaluate the testees' understanding of the paragraph	To find the proper contents in accordance with the text	Choose the answer that can best fill in the blanks.	After reading 3-5 sentences of text, choose the answer related to the two questions. Testees have to guess the answer through reading the first paragraph as well as the nest paragraph and filling in the blank.
	50	2	To evaluate the testees' competence in understanding detailed contents	To understand detailed contents of the text	Choose the answer in accordance with the text.	
51-52	51	2	To evaluate the testees' understanding of the paragraph	To find the proper contents in accordance with the text	Choose the answer that can best fill in the blanks.	After reading the text, which is composed of 4-5 sentences, the testee must choose one correct answer that applies to two questions. Question 52 is the renewed one. It asks the testee to choose the main topic of the text. It requires the competence to understand the topic.
	52	2	To evaluate the testees' competence in finding the main topic in the text	To find the main opinion in the text	What is the main topic of the text?	
53-54	53	2	To evaluate the testees' understanding of the paragraph	To find the conents and grammar in accordance within the text	Choose the answer that can best fill in the blanks.	After reading the text, which is composed of 4-5 sentences, the testee must choose one correct answer that applies to two questions. Question 53 is the renewed one. Testees have to choose the correct answer that matches the text with the correct contents and grammar.
	54	3	To evaluate the testees' competence in understanding detailed contents	To understand detailed contents of the text	Read the following and find the answer that has the same meaning as the text,	
55-56	55	2	To evaluate the testees' understanding of the paragraph	To use the situation and paragraph in the text	Choose the answer that can best fill in the blanks.	After reading the text, which is composed of 4-5 sentences, the testee must choose one correct answer that applies to two questions. Question 55 is related to competence in understanding the stream of text and finding conjunctive adverbs.
	56	3	To evaluate the testees' competence in understanding detailed contents	To understand detailed contents of the text	Read the following and find the answer that has the same meaning as the text,	
57-58	57	2	To evaluate the testees' understanding of the paragraph	To understand the paragraphs' order	Read the following and put the sequence in order.	These questions are related to competence in putting a sequencnces in order. Its difficulty is high so it tests the testees' competence in understanding the logical stream of the text.
	58	3				

Top question	Sub-question	Score	Intent of questions	Types of Questions	Instruction	Key point
59-60	59	2	To evaluate the testees' understanding of the paragraph	To use the situation and paragraph in the text	Choose a place to fill in the sample sentence	After reading the text, which is composed of 4-5 sentences, the testee must choose one correct answer that applies to two questions.
	60	3	To evaluate the testees' competence in understanding detailed contents	To understand detailed contents in the text	Read the following and find the answer that has the same meaning as the text,	
61-62	61	2	To evaluate the testees' understanding of the paragraph	To find the proper contents in accordance with the text	Choose the answer that can best fill in the blanks.	After reading the text, which is composed of 4-5 sentences, the testee must choose one correct answer that applies to two questions.
	62	2	To evaluate the testees' competence in understanding detailed contents	To understand detailed contents of the text	Read the following and find the answer that has the same meaning as the text,	
63-64	63	2	To evaluate the testees' competence to find the purpose of the text	To find the purpose and reason of the text	Find the answer that indicates the writer's purpose in writing the text.	After reading the text, which is composed of 4-5 sentences, the testee must choose one correct answer that applies to two questions. Question 63 is the renewed one. Testees have to find the reason why the writer wrote this text.
	64	3	To evaluate the testees' competence in understanding detailed contents	To understand detailed contents of the text	Read the following and find the answer that has the same meaning as the text,	
65-66	65	2	To evaluate the testees' understanding of the paragraph	To find the proper contents in accordance with the text	Choose the answer that can best fill in the blanks.	After reading the text, which is composed of 4-5 sentences, the testee must choose one correct answer that applies to two questions.
	66	3	To evaluate the testees' competence in understanding detailed contents	To understand the detailed contents of the text	Read the following and find the answer that has the same meaning as the text,	

Top question	Sub-question	Score	Intent of questions	Types of Questions	Instruction	Key point
67-68	67	3	To evaluate the testees' understanding of the paragraph	To find the proper contents in accordance with the text	Choose the answer that can best fill in the blanks ㉠.	After reading the text, which is composed of 4-5 sentences, the testee must choose one correct answer that applies to two questions. Question 68 is the renewed one. Testees have to find the answer that is correct in terms of both grammar and content.
	68	3	To evaluate the testees' understanding of the paragraph	To find the proper contents and grammar in accordance with the text	Choose the answer that can best fill in the blanks ㉡.	
69-70	69	3	To evaluate the testees' understanding of the paragraph	To find the proper contents in accordance with the text	Choose the answer that can best fill in the blanks	After reading the text, which is composed of 4-5 sentences, the testee must choose one correct answer that applies to two questions.
	70	3	To evaluate the testees' competence in understanding detailed contents	To understand detailed contents of the text	Find the answer that indicates the writer's purpose in writing the text.	

Ⅰ. 韩国语能力考试改革方向及主要内容

改革目的

随着报考韩国语考试人数的增多以及普及韩国语的呼吁声越来越强烈，为了提升韩国语能力考试的系统性和有效性，实施了本次改革。

实施日程

本次改革从第35届韩国语能力考试（2014年7月20日）开始正式实施，受此影响，2014年下半期韩国国内的考试次数由2次增加到3次。

〈2014年改革后韩国语能力考试日程〉

区分	考试日程	报名时间	成绩公布日	备注
35届	7月 20日 (周日)	2014.06.09. (周一)~06.18 (周三)	2014.08.05 (周二)	只在韩国进行
36届	- 韩国: 10月 12日 (周日) - 美洲·欧洲·非洲: 10月 11日 (周六) - 亚洲·大洋洲·中亚: 10月 12日 (周日)	2014.08.16 (周六)~08.25 (周一)	2014.11.10 (周一)	
37届	11月 23日 (周日)	2014.10.15 (周三)~10.24 (周五)	2014.12.10. (周三)	只在韩国进行

* 海外地区可能与以上所示的韩国报名时间有所差异，需要考生到当地报名机构进行确认。
* 成绩将通过TOPIK主页于15:00进行公布，考试结果的公布日期可能会根据情况有所变动。

主要内容

1. 韩国语能力考试变为'韩国语能力考试 I'和'韩国语能力考试 II'.

   将现行韩国语能力考试的初级改为"韩国语能力考试 I"，中高级则合并为"韩国语能力考试 II"。其中，"韩国语能力考试 I"主要面向韩语学习时间较短的学习者，使他们能够自我检测韩语水平。为了不给学习者造成过多负担，试题比较简单。与此同时，长期进行韩国语学习的学习者，如果想了解自身水平，不断提高韩国语能力则可以报考中高级合并的"韩国语能力考试 II"。

〈考试种类和等级〉

区分	目前	改革
内容	韩国语能力考试 初级 (1~2级) 韩国语能力考试 中级 (3~4级) 韩国语能力考试 高级 (5~6级)	韩国语能力考试I (初级, 1~2级) 韩国语能力考试II (中·高级, 3~6级)
	3个种类 6个等级	2个种类 6个等级

2. "韩国语能力考试 I"由听力·阅读两个部分组成，"韩国语能力考试 II"由听力·写作·阅读三个部分组成。

   为了降低考生的负担，"韩国语能力考试 I"删除了词汇·语法和写作，仅由听力和阅读组成。而"韩国语能力考试 II"则取消了词汇·语法，由听力和写作，阅读三部分组成。改革后的韩国语能力考试将词汇·语法融合在阅读·写作·听力中，间接进行评价。

〈考试范围〉

区分	目前	改革
范围	初·中·高级统考词汇·语法，写作，听力和阅读	韩国语能力考试 I: 听力，阅读 韩国语能力考试 II: 听力，写作，阅读

3. 听力和阅读无较大的变化

改革后的韩国语能力考试除了写作以外，题型没有发生大的变化。不过，也有与现行考试相区别的部分。如，将评价考生词汇·语法的题目融合在阅读部分，写作则改为评价考生的主观写作能力。

4. 写作改为评价考生的主观写作能力。

在改革后的韩国语能力考试中，写作共4道大题。第1－2题是要求考生写出符合文章发展的一到两个句子。第3题则是写一篇200到300字与日常相关的作文，最后的第4题是写一篇600到700字的逻辑性作文。作文由多名评分委员进行评判，评分重点是考察考生驾驭词汇和语法的水平以及是否符合题意等。

5. 初级考试的负担得到大幅减少。

韩国语能力考试 I的考试时间由目前的180分钟缩短到100分钟，而韩国语能力考试 II则与现有相同仍为180分钟。从题量来看，韩国语能力考试 I由目前的104道题缩为70道题，而韩国语能力考试 II则仍为104道题。

6. 根据所得的总分数来判定等级，取消了现行的不及格制度。

改革后的韩国语能力考试废除了现有的不及格分数制度，只根据考生的综合分数来判断其等级。以此来改善因个别部分得分较低导致具备韩国沟通能力的考生出现不及格的现象。

7. 根据所得的综合分数判定等级.

区分	韩国语能力考试I		韩国语能力考试II			
	1级	2级	3级	4级	5级	6级
决定等级	80分以上	140分以上	120分以上	150分以上	190分以上	230分以上

〈目前体制和改革后体制的细节内容对比〉

区分	目前	改革	
考试种类	韩国语能力考试 (TOPIK)	韩国语能力考试 (TOPIK)	
考试等级	韩国语能力考试 初级 (1~2级) 韩国语能力考试 中级 (3~4级) 韩国语能力考试 高级 (5~6级)	韩国语能力考试I (1~2级) 韩国语能力考试II (3~6级)	
评价范围	韩国语能力考试 ■ 词汇和语法 (30道题) ■ 写作 (主观型 4~6道题, 客观型 10道题) ■ 听力 (30道题) ■ 阅读 (30道题) ※ 初·中·高级统一	韩国语能力考试I ■ 听力 (30道题) ■ 阅读 (40道题)	韩国语能力考试II ■ 听力 (50道题) ■ 写作 (4道题) ■ 阅读 (50道题)
总题量	初·中·高级分别是104~106道题 总共312~318道题	70道题 总共174道题	104道题
总分 (考试时间)	初·中·高级 各 400分 (各180分钟)	200分 (100分钟)	300分 (180分钟)
合格标准	■ 按照之前公布的等级分数线判定等级 ■ 各个部分均有最低得分要求 淘汰制度	■ 根据总得分评级 ■ 废除要求各个部分有最低得分的淘汰制度	
成绩有效期	从发布结果后两年	从发布结果后两年	

※ 书中与韩国语能力考试改革体制的相关内容是根据韩国语能力考试官方网站 (http://www.topik.go.kr) 公布的"韩国语能力考试改革制度实施计划"所编, 如有其他疑问, 请致电国立国际教育院TOPIK组 (电话82-2-3668-1331, 邮箱 topik@moe.go.kr)

II. 韩国语能力考试 I 概要

韩国语能力考试 I 评价范围·题量·考试时间

1. 改革后的韩国语能力考试 I 分为听力，阅读两部分，现行的词汇·语法和写作部分被取消。从题量来看，听力部分仍为30道题，阅读部分则在原有的40道题基础上增加了10道题。

2. 考试分两部分考，考试的第一卷为听力，第二卷为阅读。考试时间为听力40分钟，阅读60分钟。听力考试比目前减少了5分钟，而阅读部分随着考试题量的增加，时间也相应加长了15分钟。

区分	目前				改革			
	部分	题量	考试时间 (分钟)	备注	部分	题量	考试时间 (分钟)	备注
初级	词汇·语法	30	45	90（第一卷）	听力	30	40	100（第一卷）
	写作	14	45					
	听力	30	45	90（第二卷）	阅读	40	60	
	阅读	30	45					

韩国语能力考试 I 的题目难度 · 题量 · 分值

1. 改革后的韩国语能力考试 I 从听力部分的题量来看，一级水平和二级水平各为15道题，分数也各占50分。阅读部分同样也由一、二级水平20道题所组成，分数各占50分。

2. 从分值来看，听力部分为"上等水平"9道题，"中等水平"12道题，"下等水平"9道题，其中"中等水平"的题目所占比重最大。而阅读部分则为"上等水平"12道题，"中等水平"16道题，"下等水平"12道题，可以看出，阅读部分与听力部分一样，"中等水平"题目所占比重最大。听力和阅读部分每题为3−4分。

目前 初级 (听力, 阅读)				改革 TOPIK I (听力, 阅读)			
级别	题目难度	题量	分值 (分)	级别	题目难度	题量	分值 (分)
听力	上	4	50	听力	上	3	50
	中	7			中	6	
2级 下	4		2级	下	6		
	上	4	50		上	6	50
	中	7			中	6	
1级 下	4		1级	下	3		
阅读	上	4	50	阅读	上	4	50
	中	7			中	8	
2级 下	4		2级	下	8		
	上	4	50		上	8	50
	中	7			中	8	
1级 下	4		1级	下	4		

* 上 :稍有难度 / 中 : 一般水平 / 下 : 略微简单

各国韩国语能力考试时间

韩国语能力考试在各国的实施时间如下。在"中国等"国家，包括中国(包括香港)，蒙古，台湾，菲律宾，新加坡，文莱的考试时间以当地时间为准。考生们可以同时报考TOPIK I和TOPIK II。

区分	卷次	部分	中国 等			韩国，日本			其他国家			考试时间(分钟)
			进场时间	开始	结束	进场时间	开始	结束	进场时间	开始	结束	
TOPIK I	第一卷	听力 阅读	08:40	09:00	10:40	09:40	10:00	11:40	09:10	09:30	11:10	100

* TOPIK I 只进行第一卷.

Ⅲ. 听力考试的特点和题型

1. 与现行TOPIK一样总共为30道题，每题分值仍为3−4分。不过，现行TOPIK中3分题和4分题混合在一起，而改革后的TOPIK中第1题到第20题为3分题，第21题到30题为4分题。

2. 现行TOPIK中测试考生音韵辨别能力的题目被删除，其它题型在改革后的TOPIK予以保留。从改革后的TOPIK题型来看，提问考生对话细节内容的题型最多，而像听对话选出相衔接的语句，掌握对话的主题和中心思想，推测对话场所的题型也占据了较大的比重。改革后的TOPIK题型总结如下。

〈韩国语能力考试Ⅰ 听力题型和题量〉

	题型	题量
1	掌握对话的细节内容	8
2	听对话选出相衔接的语句	6
3	掌握对话的主题 中心思想	5
4	推测对话场所	4
5	掌握对话参与者	3
6	选出与对话情景相一致的图像	2
7	掌握对话目的	1
8	掌握对话中出现的行为或事件的理由·目的	1

3. 听力原文主要列举了类似介绍，打招呼、订购、预约、退换、问路、约定、拜托等日常生活常见的主题和情景。同时除了第25−26题的原文以外，所有原文都是男女两人以问答方式进行的。

4. 初级听力每道题播放两遍。

韩国语能力考试 I 听力题目框架

大题目	小题目	分值	出题目的	题型	问题	要点
1-4	1	3	测定组织对话的能力	听录音，选择相衔接的语句	请听下文，参考《例文》，选出与问题相符的答案	1-2题是无疑问词的疑问句，问题选项为'네/아니요'。大部分是只有了解相关形容词或者动词的反义词才能解答。而3-4题是含有疑问词的疑问句，需要注意过去·现在·将来等时制问题。
	2	3				
	3	3				
	4	3				
5-6	5	3	测定组织对话的能力	听录音，选择相衔接的语句	请听下文，参考《例文》，选出能与下文相衔接的选项	列举了日常生活中常见的对话情景，寻找与其相符的答案的题型。
	6	3				
7-10	7	3	测定把握大体内容的能力	寻找对话场所	这里是哪里？参考《例文》，选出正确的选项	推测两个人对话场所的题目。需要整理初级中出现过的与场所相关的单词。
	8	3				
	9	3				
	10	3				
11-14	11	3	测定把握大体内容的能力	听录音，找出故事的题目	下面是在说关于什么的？参考《例文》，选出正确的选项	寻找话题的题目，找出两人在就什么进行谈论。
	12	3				
	13	3				
	14	3				
15-16	15	3	测定把握大体内容的能力	握整体内容	听下列对话，选出与其相符的图像	通过听两人的对话，寻找最能准确体现对话情景的图像。
	16	3				

大题目	小题目	分值	出题目的	题型	问题	要点
17-21	17	3	测定掌握特定信息的能力	掌握细节内容	请听下文，选出与《例文》对话内容相一致的选项	仔细听两人的对话，找出与对话的细节内容相一致的选项。越往后对话变得越长，在选项里面男人和女人说的内容各列举了两个。
	18	3				
	19	3				
	20	3				
	21	4				
22-24	22	4	测定把握整体内容的能力	把握对话参与者	请听下文，选出与对话内容相一致的选项	把握两个人在什么情况下，在谈论关于什么。
	23	4				
	24	4				
25-26	25	4	测定把握整体内容的能力	把握对话情景	请选出录音中在讲什么内容	25-26题提供的是像广播，广告，公告等独白型的话语。25题是掌握话语的目的，26题是对话语的细节内容进行确认。
	26	4	测定把握细节信息的能力	把握细节内容	请选出与所听内容相一致的选项	
27-28	27	4	测定把握整体内容的能力	把握中心思想	两个人正在谈论什么？	27题是询问两人对话主题的，需要把握录音中是在谈论什么。28题是确认是否准确听取了录音的细节内容。
	28	4	测定把握细节内容的能力	把握细节内容	请选出与所听内容一致的选项	
29-30	29	4	测定把握整体内容的能力	把握理由/目的	OO为什么干什么了？	29题是听两个人的对话，然后针对对话中出现的行为或者是时间的原因及目的进行提问。30题是确认是否准确听取了细节内容。
	30	4	测定把握细节内容的能力	把握细节内容	请选出与所听内容一致的选项	

Ⅳ. 阅读考试的特点和题型

1. 改革后的阅读比现行的阅读考试增多了10道题。考试时间为60分钟，题目的分值根据难易度分为2分和3分。词汇·语法以及写作部分被删除，而将评价词汇和语法能力的题目囊括在了阅读部分。

2. 初级阅读评价的目标是测试考生对包含日常生活中常接触的主题或是功能的简短文字的理解程度。考题多为实际生活中能够接触到的介绍性短文。主要包括广告或者向导，收据，名片，便签还有一些耳熟能详的介绍或者主题说明文，应用文等。而阅读原文则主要由短文或4－7个句子组成。

3. 改革后的初级阅读题型大部分跟现行的相似，同时，考察考生对原文细节内容掌握情况的题型有所增加。新增题型主要包括提问助词型，测试谈话能力的句子排序型和掌握文章的写作目的型等。而现行的找出与单词相一致图像的题型则被取消。

〈韩国语能力考试Ⅰ 阅读题型和题量〉

	题型	题量
1	理解原文的细节内容	16
2	选择句子中恰当的词汇	5
3	阅读文章，找出表达中心的句子	3
4	阅读文章，找出相关的句子 (找出与原文相同的内容)	3
5	找出中心思想	3
6	把握信息 (广告，电影票等视觉性原文)	3
7	把握写这篇文章的目的	2
8	按照文章脉络进行句子排序	2
9	插入句子	1
10	选择接续词	1
11	选择符合文章内容的恰当助词	1

4. 要想在阅读评价中得高分，必须阅读大量与日常生活联系密切的话题，介绍，主题，功能等相关的简单文章。那么就能达到从理解单句，到理解既简单又包含多样化内容的记叙文，广告，指南等的目的。

韩国语能力考试 I 阅读题目框架

大题目	小题目	分值	出题目的	题型	问题	要点
31-33	31	2	测定是否掌握了内容范畴	掌握素材	是关于什么内容的？	要通过阅读所列举的两篇短小文章，能够选出是关于什么内容的。
	32	2				
	33	3				
34-39	34	2	测定是否理解文章脉络	找出与上下文相一致的词汇和语法	请选出最适合填到( )的选项	属于考察词汇型的试题，主要考察的是名词和动词，形容词，副词等，也有针对连语进行提问的。属于新设题型，涵盖了相当于语法部分"选择助词"的题型。
	35	2				
	36	2				
	37	3				
	38	3				
	39	2				
40-42	40	3	测定理解简单应用文的能力	掌握细节内容	阅读下面内容，选出错误的选项	需要通过阅读聚会广告，火车票，指南，收据等各种视觉性材料，选出错误选项的试题。
	41	3				
	42	2				
43-45	43	3	测定记叙文的理解能力	掌握细节内容	选出与下面内容相一致的选项	需要通过阅读由三个句子组成的原文，选出各个问题的答案。
	44	3				
	45	3				

大题目	小题目	分值	出题目的	题型	问题	要点
46-48	46	3	测定把握中心思想的能力	把握中心思想	阅读下题，选出中心思想	各题是由3个句子组成的原文，通过阅读原文，选出最重要的句子。因为选项中还有与原文内容一致的选项，所以在解题时要格外注意这点。
	47	3				
	48	2				
49-50	49	2	测定理解脉络的能力	掌握符合文章脉络的内容	请选择适合填到( )里的话	通过阅读由4-5个句子组成的原文，选出这两个问题的答案。像这类选则适合填到( )的题目，需要通过阅读与其相关的前后句子进行推理。
	50	2	测定是否理解文章的细节内容	细节内容的掌握	请选择与本文内容一致的选项	
51-52	51	2	测定理解文章脉络的能力	掌握符合上下文的内容	请选择适合填到( )里的话	通过阅读由4-5个句子组成的原文，选出这两个问题的答案。第52题属于选择文章主旨的新设题型，需要把握这篇文章写的是关于什么内容的。
	52	2	测定理解中心内容的能力	掌握文章主旨	是关于什么内容的？	
53-54	53	2	测定理解文章脉络的能力	掌握符合上下文的内容和语法	请选择适合填到( )里的话	通过阅读由4-5个句子组成的原文，选出这两个问题的答案。第53题是选择文章主旨的新设题型，需要选出在内容和语法上都符合的答案。
	54	3	测定是否理解文章的细节内容	掌握细节内容	选择与文章内容相一致的选项	
55-56	55	2	测定理解文章脉络的能力	灵活运用场景或者文章脉络	请选择适合填到( )里的话	通过阅读由4-5个句子组成的原文，选出这两个问题的答案。第55题是选择接续词，需要具备把握文章整体脉络的能力。
	56	3	测定是否理解细节内容	掌握细节内容	请选择与本文内容相一致的选项	
57-58	57	2	测定理解文章脉络的能力	掌握先后顺序	选出以下选项中正确的排序	要在每题中所列举的四个句子中选出正确排序的选项。属于有难度的题目，需要正确把握文章的逻辑走向。
	58	3				
59-60	59	2	测定理解文章脉络的能力	灵活运用场景或者文章脉络	请选择 《例文》 应该填入的位置	通过阅读由4-5个句子组成的原文，选出这两个问题的答案。
	60	3	测定是否理解细节内容	掌握细节内容	请选择与本文内容相一致的选项	
61-62	61	2	测定理解文章脉络的能力	掌握符合文章脉络的内容	请选择适合填到( )里的话	通过阅读由4-5个句子组成的原文，选出这两个问题的答案。
	62	2	测定是否理解细节内容	掌握细节内容	请选择与本文内容相一致的选项	
63-64	63	2	掌握本文的目的	对理由原因，目的的把握	这个人为什么写这篇文章？	通过阅读由4-5个句子组成的原文，选出这两个问题的答案。第63题是新设题型，需要能够分析出作者为什么写这篇文章。
	64	3	测定是否理解文章的细节内容	掌握细节内容	请选择与本文内容相一致的选项	

大题目	小题目	分值	出题目的	题型	问题	要点
65-66	65	2	测定理解文章脉络的能力	掌握符合文章脉络的内容	请选择适合填到( )里的话	通过阅读由4-5个句子组成的原文，选出这两个问题的答案。
	66	3	测定是否理解文章的细节	掌握细节内容	请选择与本文内容相一致的选项	
67-68	67	3	测定是否理解文章脉络	掌握符合文章脉络的内容	请选择适合填到 （ ㉠ ） 里的话	通过阅读由4-5个句子组成的原文，选出这两个问题的答案。第68题是新设题型，需要选出在内容和语法上都符合的答案。
	68	3	测定理解文章脉络的能力	掌握符合文脉的内容和语法	请选择适合填到 （ ㉡ ） 里的话	
69-70	69	3	测定理解文章脉络的能力	掌握符合文章脉络的内容	请选择适合填到( )里的话	通过阅读由4-5个句子组成的原文，选出这两个问题答案的试题。
	70	3	掌握细节内容	掌握细节内容	请选择与本文内容相一致的选项	

한국어능력시험 I 실전모의고사

1, 2회

1-4 다음을 듣고 〈보기〉와 같이 물음에 맞는 답을 고르십시오. (각 3점)

보기

가: 책을 읽어요?

나: _______________________

❶ 네, 책을 읽어요.　　　② 아니요, 책이에요.

③ 네, 책이 아니에요.　　　④ 아니요, 책을 사요.

1
① 네, 책상이에요.　　　② 네, 책상이 없어요.

③ 아니요, 책상이 적어요.　　　④ 아니요, 책상이 아니에요.

2
① 네, 친구가 아니에요.　　　② 네, 친구를 만났어요.

③ 아니요, 친구가 없어요.　　　④ 아니요, 집에서 쉬려고 해요.

3
① 오른쪽으로 가세요.　　　② 친구하고 갑시다.

③ 지하철역이 있어요.　　　④ 지하철을 타려고 해요.

4
① 책이 많아요.　　　② 책을 읽으러 가요.

③ 책을 빌렸어요.　　　④ 책을 살 거예요.

5-6 다음을 듣고 〈보기〉와 같이 다음 말에 이어지는 것을 고르십시오. (각 3점)

보 기

가: 안녕히 주무세요.

나: ＿＿＿＿＿＿＿＿＿＿＿＿＿＿＿＿

① 어서 오세요.　　　　② 네, 반갑습니다.

③ 정말 죄송합니다.　　❹ 네, 잘 자요.

5　① 네, 만나서 반갑습니다.　　② 네, 실례합니다.

　　③ 아니요, 괜찮습니다.　　④ 안녕히 계십시오.

6　① 김영수라고 합니다.　　② 만나서 반갑습니다.

　　③ 잘못 거셨습니다.　　④ 안녕히 계십시오.

7-10 여기는 어디입니까? 〈보기〉와 같이 알맞은 것을 고르십시오. (각 3점)

보 기

가: 질문이 있어요?

나: 아니요, 선생님.

① 커피숍　　② 회사　　❸ 교실　　④ 정류장

7　① 공원　　②시장　　③ 극장　　④ 편의점

8 ① 병원 ② 빵집 ③ 극장 ④ 노래방

9 ① 공항 ② 지하철역 ③ 버스 ④ 택시

10 ① 우체국 ② 옷가게 ③ 세탁소 ④ 은행

11-14 다음은 무엇에 대해 말하고 있습니까? 〈보기〉와 같이 알맞은 것을 고르십시오. (각 3점)

보 기

가: 저는 회사에서 일해요.
나: 저는 학생이에요.

❶ 직업 ② 음식 ③ 나이 ④ 식당

11 ① 취미 ② 요리 ③ 예약 ④ 이름

12 ① 주소 ② 전화번호 ③ 날씨 ④ 일

13 ① 시간 ② 시계 ③ 선물 ④ 가격

14 ① 계획 ② 약속 ③ 인사 ④ 고향

15-16 다음 대화를 듣고 알맞은 그림을 고르십시오. (각 3점)

① 

③  

④ 

①  ② 

③  ④ 

17-21 다음을 듣고 〈보기〉와 같이 대화 내용과 같은 것을 고르십시오.

보 기

남자: 한국에 언제 왔어요?
여자: 한국에 온 지 3개월 됐어요.

① 남자는 한국 사람입니다.　　② 여자는 지금 한국어를 배웁니다.
③ 여자는 한국을 좋아합니다.　　❹ 여자는 3개월 전에 한국에 왔습니다.

17 (3점)

① 남자는 어제 동대문 시장에 갔습니다.
② 여자는 동대문 시장에서 치마를 샀습니다.
③ 남자는 어제 운동화를 사고 싶었습니다.
④ 여자는 남자하고 같이 동대문 시장에 가려고 합니다.

18 (3점)

① 남자는 방학 동안 제주도를 여행했습니다.
② 남자는 방학에 부산으로 여행을 갈 겁니다.
③ 여자는 제주도 여행이 아주 재미있었습니다.
④ 여자는 남자하고 같이 부산에 다녀왔습니다.

19 (3점)

① 남자의 부모님은 모두 일본에 계십니다.
② 여자의 언니는 지금 대학생입니다.
③ 남자는 한국에서 혼자 살고 있습니다.
④ 여자는 부모님이 많이 보고 싶습니다.

20 (3점)

① 두 사람은 부산 공항에 있습니다.

② 남자는 3월 27일에 서울에 갈 겁니다.

③ 남자는 지금 기차표를 사려고 합니다.

④ 기차 출발 시간은 9시 10분입니다.

21 (4점) 개편 샘플문항

① 남자는 어제 방을 보러 왔습니다.

② 여자는 이 근처로 이사를 올 겁니다.

③ 여자는 마음에 드는 집을 구했습니다.

④ 남자는 밝고 부엌이 있는 방을 찾습니다.

22-24 다음을 듣고 대화 내용과 같은 것을 고르십시오. (각 4점)

22 ① 남자는 태권도를 배우러 여기에 왔습니다.

② 여자는 고향에서 태권도를 배운 적이 있습니다.

③ 태권도는 요즈음 남자들에게 인기가 많습니다.

④ 태권도는 건강에 도움이 되는 운동입니다.

23 ① 남자는 마이클 씨하고 약속을 했습니다.

② 여자는 지금 30분 동안 친구를 기다리고 있습니다.

③ 마이클 씨는 차가 막혀서 약속에 늦었습니다.

④ 여자는 남자하고 같이 커피숍에 갈 겁니다.

24 ① 남자는 정장을 사려고 가게에 왔습니다.

② 여자는 다음 주말에 친구 결혼식에 갈 겁니다.

③ 남자는 남색 넥타이가 마음에 들지 않습니다.

④ 요즈음 밝은 색의 넥타이가 유행하고 있습니다.

25-26 다음을 듣고 물음에 답하십시오. (각 4점)

25 어떤 이야기를 하고 있는지 고르십시오.

① 안내　　　　② 초대　　　　③ 인사　　　　④ 신청

26 들은 내용과 같은 것을 고르십시오.

① 한국백화점은 설날에 문을 엽니다.
② 올해는 일주일 동안 설날 휴일이 있습니다.
③ 오늘부터 설날 선물세트를 싸게 팝니다.
④ 한국백화점 고객은 행복한 설날을 보냈습니다.

27-28 다음을 듣고 물음에 답하십시오. (각 4점) 개편 샘플문항

27 어떤 이야기를 하고 있는지 고르십시오.

① 이번 연휴에 한 일　　　　② 연휴를 잘 보내는 방법
③ 연휴를 같이 보낼 사람　　　④ 이번 연휴에 가고 싶은 곳

28 들은 내용과 같은 것을 고르십시오.

① 남자는 지금 후회를 하고 있습니다.
② 여자는 경주에 가 본 적이 있습니다.
③ 여자는 연휴를 아주 즐겁게 보냈습니다.
④ 남자는 가족들과 경주에 여행을 갔습니다.

29-30 다음을 듣고 물음에 답하십시오. (각 4점)

29 여자는 어제 왜 생일파티에 안 갔습니까?

① 생일 선물을 못 사서　　　　② 친구가 많이 아파서
③ 병원에서 일해서　　　　　　④ 수업이 있어서

30 들은 내용과 같은 것을 고르십시오.

① 남자는 어제 마이클 씨 생일파티에 안 갔습니다.
② 여자는 어제 아픈 친구하고 같이 병원에 갔습니다.
③ 여자의 친구는 지금 많이 좋아져서 건강합니다.
④ 여자는 오늘 철수 씨를 만나서 미안하다고 말할 겁니다.

31-33 무엇에 대한 이야기입니까? 〈보기〉와 같이 알맞은 것을 고르십시오.

보 기

저는 23살입니다. 어머니께서는 52살이십니다.

❶ 나이　　　② 날씨　　　③ 시간　　　④ 나라

31 (2점)

언니가 있습니다. 여동생도 있습니다.

① 계절　　　② 친구　　　③ 나라　　　④ 가족

32 (2점)

저는 은행원입니다. 한국은행에 다니고 있습니다.

① 휴일　　　② 장소　　　③ 직업　　　④ 약속

33 (3점)

저는 영화를 좋아합니다. 자주 극장에 갑니다.

① 취미　　　② 시간　　　③ 나이　　　④ 생일

34-39 〈보기〉와 같이 빈칸에 제일 알맞은 것을 고르십시오.

배가 고픕니다. (   )에 갑시다.

① 학교　　　　② 병원　　　　❸ 식당　　　　④ 교실

34　(2점)

꽃(   )이 예뻐요.

① 이　　　　② 을　　　　③ 에　　　　④ 에서

35　(2점)

과일을 먹고 싶습니다. (   )에 갑니다.

① 은행　　　　② 시장　　　　③ 서점　　　　④ 우체국

36　(2점)

제주도로 여행을 갔습니다. 재미있게 (   ).

① 만들었습니다　　② 주었습니다　　③ 보냈습니다　　④ 도착했습니다

37 (2점)

> 배가 (   ). 그래서 병원에 갑니다.

① 짧습니다   ② 아픕니다   ③ 춥습니다   ④ 좋습니다

38 (3점)

> 요즘 회사 일이 많아서 피곤합니다. 그래서 (   ) 농구를 합니다.

① 벌써   ② 아직   ③ 가끔   ④ 일찍

39 (3점)

> 결혼을 했어요. 그래서 반지를 (   ).

① 찼어요   ② 했어요   ③ 세웠어요   ④ 끼었어요

40-42 읽고 맞지 <u>않는</u> 것을 고르십시오.

40 (2점) 32회 기출문제

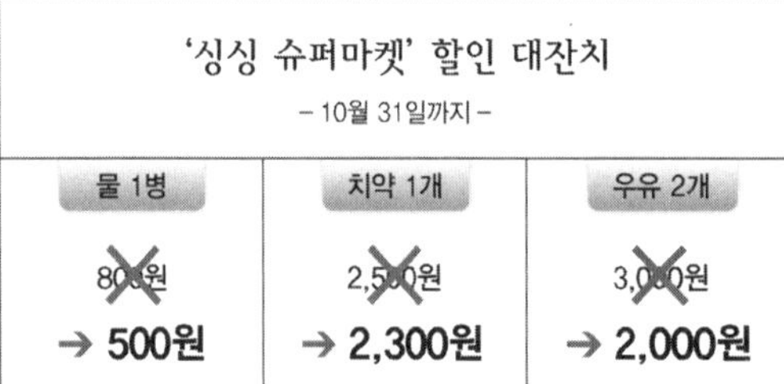

① 물은 한 병에 팔백 원입니다.   ② 우유는 두 개에 이천 원입니다.

③ 시월 삼십일일까지 싸게 팝니다.   ④ 치약은 한 개에 이천삼백 원입니다.

41 (3점)

북한산 등산 모임

날짜: 4월 13일(토) 08:00~18:00

모이는 곳: 학교 정문 앞

참가비: 2만원

신청: (02)333-3434 (4월 6일~4월 11일)

※ 점심은 드립니다.

① 등산 신청은 일주일 동안 합니다.

② 8시까지 학교 정문으로 가야 합니다.

③ 등산을 가려면 2만원을 내야 합니다.

④ 등산을 하는 사람들에게 점심을 줍니다.

42 (3점)

영수증

한마음 마트		Tel. 453-6924
		2014.04.15 17:10

우유	1	2,700
딸기	2	9,800
달걀	1	3,600
오렌지	5	4,500
맥주	3	3,600

합계	26,600
받은 돈	50,000
거스름돈	23,400

① 5시 10분에 샀습니다.

② 맥주를 세 병 샀습니다.

③ 오렌지는 1개에 900원입니다.

④ 물건을 산 후 오 만원을 받았습니다.

43-45 다음의 내용과 같은 것을 고르십시오.

43 (3점)

제 고등학교 선생님은 부산에 삽니다. 스승의 날에 친구들하고 같이 선생님을 만나러 갈 겁니다. 선생님에게 꽃도 주고 함께 이야기도 할 겁니다.

① 저와 제 친구는 부산에 삽니다.
② 저는 선생님을 만나서 부산에 갑니다.
③ 선생님은 저하고 친구에게 꽃을 줄 겁니다.
④ 저는 친구하고 선생님과 이야기할 겁니다.

44 (3점)

지난 주말에 친구하고 같이 동대문 시장에 갔습니다. 동대문 시장에는 싸고 좋은 옷과 신발이 많습니다. 저는 옷을 안 샀지만 제 친구는 옷을 샀는데 비쌌습니다.

① 저는 동대문 시장에서 옷을 샀습니다.
② 제 친구는 동대문 시장에서 옷을 팝니다.
③ 동대문 시장에서는 비싼 신발이 많았습니다.
④ 친구가 동대문 시장에서 산 옷은 비쌌습니다.

45 (3점)

다음 주 월요일은 마이클 씨 생일입니다. 선물 가게에는 일요일이어서 사람이 많았습니다. 축구공을 샀는데 마이클 씨가 좋아할 겁니다.

① 마이클이 선물을 주었습니다.
② 월요일에 선물 가게에 갔습니다.
③ 주말에 마이클 씨를 만났습니다.
④ 월요일에 마이클은 축구공을 받을 겁니다.

46-48 다음을 읽고 중심 생각을 고르십시오.

46 (3점)

저는 일 년에 두 번 친구와 동물원에 갑니다. 동물원에는 제가 좋아하는 동물들이 많습니다. 동물원에 자주 가고 싶지만 집에서 동물원까지 멀어서 못 갑니다.

① 저는 동물원을 좋아합니다.
② 제 친구는 동물을 좋아합니다.
③ 저는 동물원이 멀어서 자주 안 갑니다.
④ 저와 제 친구 집은 동물원에서 멉니다.

47 (3점)

다음 주에 시험이 있어서 늦게까지 공부합니다. 지난 주말에도 도서관에서 친구하고 공부를 했습니다. 시험이 끝나면 친구하고 놀고 싶습니다.

① 저는 시험 공부를 열심히 합니다.
② 저는 주말에는 공부를 하지 않습니다.
③ 저는 다음 주에 시험을 잘 볼 겁니다.
④ 저는 주말에는 집에서 쉬고 싶습니다.

48 (2점)

저는 한국 드라마를 자주 봅니다. 드라마에는 제가 모르는 단어가 많습니다. 그래서 한국 드라마를 보면 단어를 많이 알 수 있습니다.

① 저는 많은 드라마를 압니다.
② 저는 매일 한국 드라마를 봅니다.
③ 저는 모르는 단어가 많이 있습니다.
④ 저는 드라마에서 많은 단어를 배웁니다.

49-50 다음을 읽고 물음에 답하십시오. (각 2점) 23회 기출문제

요즘 안경을 쓰는 어린이들을 많이 볼 수 있습니다. 이렇게 안경을 쓴 어린이가 많아진 것은 하루 종일 책을 보고 컴퓨터를 오래 사용하는 어린이가 많아졌기 때문입니다. (㉠) 하기 위해서는 눈을 쉬게 해야 합니다. 그리고 가끔 먼 곳을 보는 것도 좋습니다.

49 (㉠)에 들어갈 알맞은 말을 고르십시오.

① 책을 보지 않게   ② 컴퓨터를 사용하게

③ 어린이를 보호하게   ④ 눈이 나빠지지 않게

50 이 글의 내용과 같은 것을 고르십시오.

① 안경을 쓰는 어린이가 많아졌습니다.

② 먼 곳을 보는 것은 눈에 안 좋습니다.

③ 눈을 쉬게 할 때 책을 읽으면 좋습니다.

④ 쉬고 싶을 때 컴퓨터를 하는 것이 좋습니다.

51-52 다음을 읽고 물음에 답하십시오. (각 2점) 개편 샘플문항

저는 꽃차를 자주 마십니다. 꽃차는 입으로만 마시는 차가 아닙니다. 눈으로 마실 수도 있습니다. 맛도 좋고 (㉠) 때문입니다. 그래서 꽃차를 마실 때 눈도 즐겁습니다. 또 머리가 아플 때 꽃차를 마시면 기분이 좋아집니다. 꽃차를 마시면 건강해지는 것 같아서 아주 좋습니다.

51 (㉠)에 들어갈 알맞은 말을 고르십시오.

① 색깔도 예쁘기   ② 머리에도 좋기

③ 눈도 좋아지기   ④ 얼굴도 예뻐지기

52 무엇에 대한 이야기입니까? 알맞은 것을 고르십시오.

① 꽃차를 마시는 방법　　　　　② 꽃차를 좋아하는 이유

③ 꽃차를 마실 수 있는 곳　　　④ 꽃차가 건강에 좋은 이유

53-54 다음을 읽고 물음에 답하십시오.

요즘 혼자 사는 사람들을 위한 가게와 제품을 쉽게 볼 수 있습니다. 혼자 (㉠) 차를 마실 수 있는 '1인 커피숍'이 많아지고 있습니다. 그리고 혼자 사는 사람들이 사용할 수 있는 '1인 가구'도 큰 인기입니다. 앞으로 혼자 사는 사람들을 위한 가게와 제품이 더 많이 생길 것 같습니다.

53 (㉠)에 알맞은 말을 고르십시오. (2점)

① 답답하게　　　② 깨끗하게　　　③ 편안하게　　　④ 가능하게

54 이 글의 내용과 같은 것을 고르십시오. (3점)

① 혼자 오는 손님은 커피를 좋아합니다.

② 요즘 '1인 커피숍'을 찾아보기가 쉽습니다.

③ '1인 가구'는 혼자 사는 사람들이 만듭니다.

④ '1인 커피숍'에는 친구와 같이 갈 수 없습니다.

55-56 다음을 읽고 물음에 답하십시오.

수잔 씨, 이번 주 토요일이 제 생일이니까 우리 집에 놀러 오세요. 친구들도 올 거예요. 버스로 오면 되는데 한국은행 앞에서 30번 버스를 타세요. (　　　) 대한마트에서 내리면 그 앞에 마을버스가 있어요. 마을버스를 타고 사랑아파트에서 내리세요. 우리 집은 508동 1501호예요.　　　　- 제니 -

55 (　　)에 들어갈 알맞은 말을 고르십시오. (2점)

① 그래서　　　② 그리고　　　③ 그러면　　　④ 그러나

56 이 글의 내용과 같은 것을 고르십시오. (3점)

① 제니는 수잔의 집에 놀러 갈 겁니다.
② 수잔은 한국은행 앞에서 마을버스를 탑니다.
③ 수잔은 30번 마을버스로 갈아타야 합니다.
④ 제니 집은 사랑아파트 508동 1501호입니다.

57-58 다음을 순서대로 맞게 나열한 것을 고르십시오.

57 (3점) 개편 샘플문항

(가) 저는 등산을 좋아해서 주말마다 산에 갑니다.
(나) 하지만 겨울에는 눈이 많이 와서 산길이 위험합니다.
(다) 등산 지도도 볼 수 있어서 산에 올라갈 때 아주 편합니다.
(라) 그런데 요즘은 휴대전화로 안전한 산길을 안내 받을 수 있습니다.

① (가)-(나)-(다)-(라)　　　② (가)-(나)-(라)-(다)
③ (가)-(다)-(라)-(나)　　　④ (가)-(라)-(나)-(다)

58 (2점)

(가) 저는 필요한 물건이 있을 때마다 인터넷 쇼핑을 합니다.
(나) 그리고 시장에 가지 않아도 돼서 편리합니다.
(다) 그런데 물건을 교환하거나 환불을 할 때는 조금 불편합니다.
(라) 인터넷에는 많은 물건들이 있고 가격이 싸서 자주 이용합니다.

① (가)-(라)-(다)-(나)　　　② (가)-(나)-(다)-(라)
③ (가)-(라)-(나)-(다)　　　④ (가)-(다)-(나)-(라)

59-60 다음을 읽고 물음에 답하십시오. 31회 기출문제

마트에 가면 계획보다 더 많은 물건을 살 때가 많습니다.(㉠) 휴지나 비누처럼 생활에 꼭 필요한 것은 마트의 안쪽에 있습니다. (㉡) 그래서 필요한 것을 찾으러 가면서도 다른 것들을 삽니다. (㉢) 계산대 주변에도 물건이 많아서 계산을 하기 전에도 물건을 더 사게 됩니다.(㉣)

59 다음 문장이 들어갈 곳을 고르십시오. (2점)

그것은 물건의 위치 때문입니다.

① ㉠　　　　② ㉡　　　　③ ㉢　　　　④ ㉣

60 이 글의 내용과 같은 것을 고르십시오. (3점)

① 마트에서는 계획한 만큼 물건을 삽니다.
② 비누는 마트의 입구에서 살 수 있습니다.
③ 계산대 옆에도 살 수 있는 물건이 있습니다.
④ 생활에 필요한 물건은 입구 근처에 있습니다.

61-62 다음을 읽고 물음에 답하십시오.

겨울이 되면 단풍이 들어서 경치가 매우 아름답습니다. 사람들을 단풍을 보려고 산에 갑니다. 산에는 동물들이 살고 있는데 동물들은 가을이 되면 겨울에 먹을 것을 미리 준비합니다. 가끔 등산하는 사람들이 산에서 밤을 따거나 동물들의 먹이를 가져갑니다. 그러면 동물들은 먹이가 (　　　) 죽을 수도 있습니다.

61 (　　　)에 들어갈 알맞은 말을 고르십시오. (2점)

① 부족해서　　② 많아서　　③ 다양해서　　④ 남아서

62 이 글의 내용과 같은 것을 고르십시오. (2점)

① 동물들은 사람들이 오기 전에 먹이를 찾습니다.

② 가을에 단풍이 아름다워서 동물들이 좋아합니다.

③ 동물들의 먹이를 사람들이 먹으면 죽을 수 있습니다.

④ 등산을 하는 사람들이 동물들이 먹을 밤을 가져갑니다.

63-64 다음을 읽고 물음에 답하십시오. 개편 샘플문항

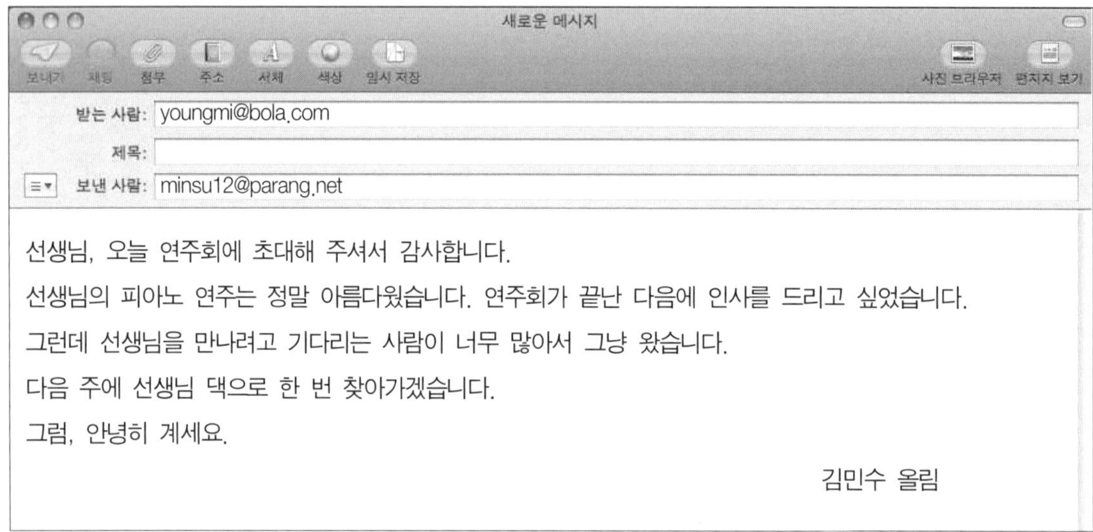

선생님, 오늘 연주회에 초대해 주셔서 감사합니다.

선생님의 피아노 연주는 정말 아름다웠습니다. 연주회가 끝난 다음에 인사를 드리고 싶었습니다.

그런데 선생님을 만나려고 기다리는 사람이 너무 많아서 그냥 왔습니다.

다음 주에 선생님 댁으로 한 번 찾아가겠습니다.

그럼, 안녕히 계세요.

김민수 올림

63 민수 씨는 왜 이 글을 썼습니까? (2점)

① 연주회 초대에 감사해서

② 연주회에 오신 손님에게 감사해서

③ 선생님을 연주회에 초대하고 싶어서

④ 선생님과 만날 시간을 물어 보고 싶어서

64　이 글의 내용과 같은 것을 고르십시오. (3점)

① 선생님이 연주회에서 직접 피아노를 쳤습니다.

② 민수 씨는 사람이 많아서 연주회를 못 봤습니다.

③ 선생님은 다음 주에 다시 연주회를 하려고 합니다.

④ 민수 씨는 연주회 전에 선생님을 만나고 싶었습니다.

65-66　다음을 읽고 물음에 답하십시오.

햇빛은 우리 몸에 아주 중요합니다. 햇빛을 많이 받은 아이는 건강하게 잘 (㉠) 있지만 햇빛을 조금 받은 아이는 쉽게 병에 걸릴 수 있습니다. 그리고 어른들도 햇빛을 받지 못하면 쉽게 화를 내거나 슬퍼합니다. 햇빛에는 사람의 기분을 좋게 해 주는 것이 있어서 사람의 마음을 행복하게 만들기 때문입니다.

65　(㉠)에 알맞은 말을 고르십시오. (2점)

① 자랄 수　　　② 바꿀 수　　　③ 보낼 수　　　④ 낳을 수

66　이 글의 내용과 같은 것을 고르십시오. (3점)

① 햇빛은 우리 몸에 필요하지 않습니다.

② 햇빛을 받지 않으면 병에 걸리지 않습니다.

③ 사람들은 햇빛을 못 보면 기분이 좋지 않습니다.

④ 마음이 행복해지려면 화를 내거나 슬퍼해야 합니다.

67-68 다음을 읽고 물음에 답하십시오. (각 3점) 개편 샘플문항

> 요즘 가구를 만들어서 사용하는 사람들이 많습니다. 가구를 사지 않고 (㉠) 만들면 가격이 훨씬 쌉니다. 또 자기 집에 딱 막는 가구를 만들 수 있어서 좋습니다. 우리 가족들도 필요한 가구가 있으면 함께 만들어서 사용합니다. 이번 주말에는 아이 방에 놓을 책장을 (㉡).

67 (㉠)에 알맞은 것을 고르십시오.

① 먼저　　　② 금방　　　③ 직접　　　④ 계속

68 (㉡)에 알맞은 것을 고르십시오.

① 만들어도 됩니다.　　　② 만든 것 같습니다.

③ 만들기로 했습니다.　　　④ 만든 것이 없습니다.

69-70 다음을 읽고 물음에 답하십시오. (각 3점)

> 남을 돕는 일은 쉽지 않습니다. 하지만 우리가 사용하는 스마트폰을 이용하면 언제든지 어디에서든지 가능합니다. 스마트폰을 10분 동안 (㉠) 않으면 물이 필요한 나라의 어린이 한 명에게 물을 줄 수 있습니다. 스마트폰으로 유니세프 홈페이지에 들어간 후 10분 동안 스마트폰을 사용하지 않으면 됩니다. 어려운 사람들을 돕고 싶다면 10분 동안 스마트폰을 잊어버리는 것은 어떨까요?

69 (㉠)에 알맞은 말을 고르십시오.

① 바꾸지　　　② 끝내지　　　③ 만지지　　　④ 흘리지

70 이 글의 내용으로 알 수 있는 것은 무엇입니까?

① 어린이가 10분 동안 사용할 물이 필요합니다.

② 어려운 사람을 돕는 일은 생각보다 쉽습니다.

③ 깨끗한 물은 어디에서든지 마실 수 없습니다.

④ 가끔 사용하는 스마트폰을 잃어버려도 괜찮습니다.

1-4 다음을 듣고 〈보기〉와 같이 물음에 맞는 답을 고르십시오. (각 3점)

보 기

가: 책을 읽어요?

나: ____________________

❶ 네, 책을 읽어요.　　② 아니요, 책이에요.

③ 네, 책이 아니에요.　　④ 아니요, 책을 사요.

1
① 네, 제 친구예요.　　② 네, 책이 있어요.
③ 아니요, 숙제를 해요.　　④ 아니요, 책을 읽어요.

2
① 네, 갑시다.　　② 네, 공원에 있어요.
③ 아니요, 운동했어요.　　④ 아니요, 공원에 가세요.

3
① 화장실이에요.　　② 화장실이 많아요.
③ 교실에 가세요.　　④ 2층에 있어요.

4
① 어제 샀어요.　　② 아주 예뻐요.
③ 가방이 없어요.　　④ 비쌀 거예요.

5-6 다음을 듣고 〈보기〉와 같이 다음 말에 이어지는 것을 고르십시오. (각 3점)

보 기

가: 안녕히 주무세요.

나: ＿＿＿＿＿＿＿＿＿＿＿＿＿＿

① 어서 오세요.　　　　② 네, 반갑습니다.

③ 정말 죄송합니다.　　❹ 네, 잘 자요.

5　① 네, 맞습니다.　　　　② 어서 오십시오.

　　③ 오랜만입니다.　　　　④ 아니요, 미안합니다.

6　① 네, 미안해요.　　　　② 네, 기다리세요.

　　③ 아니에요, 괜찮아요.　　④ 아니요, 고마워요.

7-10 여기는 어디입니까? 〈보기〉와 같이 알맞은 것을 고르십시오. (각 3점)

보 기

가: 질문이 있어요?

나: 아니요, 선생님.

① 커피숍　　② 회사　　❸ 교실　　④ 정류장

7　① 호텔　　② 부동산　　③ 식당　　④ 기숙사

8 ① 시장　　② 학교　　③ 병원　　④ 편의점

9 ① 백화점　　② 사무실　　③ 도서관　　④ 미용실

10 ① 여행사　　② 은행　　③ 화장실　　④ 공항

11-14 다음은 무엇에 대해 말하고 있습니까? 〈보기〉와 같이 알맞은 것을 고르십시오. (각 3점)

보기

가: 저는 회사에서 일해요.
나: 저는 학생이에요.

❶ 직업　　② 음식　　③ 나이　　④ 식당

11 ① 시간　　② 초대　　③ 예약　　④ 선물

12 ① 쇼핑　　② 운동　　③ 장소　　④ 계획

13 ① 이름　　② 주문　　③ 식당　　④ 물건

14 ① 집　　② 위치　　③ 소개　　④ 취미

15-16 다음 대화를 듣고 알맞은 그림을 고르십시오. (각 3점)

15

① 

②  

③ 

④ 

16 

① 

② 

③ 

④ 

17-21 다음을 듣고 〈보기〉와 같이 대화 내용과 같은 것을 고르십시오.

보 기

남자: 한국에 언제 왔어요?

여자: 한국에 온 지 3개월 됐어요.

① 남자는 한국 사람입니다.　　② 여자는 지금 한국어를 배웁니다.

③ 여자는 한국을 좋아합니다.　　❹ 여자는 3개월 전에 한국에 왔습니다.

17 (3점)

① 남자는 지난주에 생일파티를 했습니다.

② 남자는 이번 주 토요일에 부모님을 만날 겁니다.

③ 여자는 남자의 생일파티에 가기로 했습니다.

④ 여자는 부모님하고 같이 여행을 갈 겁니다.

18 (3점)

① 남자는 식당에서 주문을 하고 있습니다.

② 남자는 매운 비빔냉면을 먹었습니다.

③ 여자는 매운 음식을 아주 싫어합니다.

④ 여자는 비빔냉면하고 물을 시켰습니다.

19 (3점)

① 여자는 이번 주말에 약속이 있습니다.

② 여자는 여의도에 가 본 적이 없습니다.

③ 남자는 꽃 사진 찍기를 좋아합니다.

④ 남자는 봄꽃 축제에 같이 가고 싶습니다.

20 (3점) `개편 샘플문항`

① 남자는 한국여행사에서 일합니다.

② 여자는 비행기 표를 예약했습니다.

③ 남자는 여자에게 전화를 걸었습니다.

④ 여자는 토요일에 제주도에 가려고 합니다.

21 (4점)

① 여자의 직업은 의사 선생님입니다.

② 남자는 지난 주말에 등산을 갔습니다.

③ 남자는 감기 때문에 집에서 쉬고 있습니다.

④ 여자는 처방전을 가지고 약국에 갈 겁니다.

22-24 다음을 듣고 대화 내용과 같은 것을 고르십시오. (각 4점)

22
① 두 사람은 지금 사과를 사러 가게에 갈 겁니다.

② 여자는 사과 다이어트 방법을 소개하고 있습니다.

③ 사과 다이어트를 할 때는 밥을 먹으면 안 됩니다.

④ 사과를 먹기 전에 30분 동안 걸어야 합니다.

23
① 여자는 지금 외국인등록증 신청서를 쓰고 있습니다.

② 여권이 없으면 외국인등록증을 만들 수 없습니다.

③ 외국인등록증을 만들 때 서류는 필요하지 않습니다.

④ 여자는 외국인등록증에 필요한 사진을 가지고 왔습니다.

24
① 두 사람은 수업이 끝난 후에 영화를 볼 겁니다.

② 남자는 오늘 수업 시간에 고향을 소개했습니다.

③ 남자의 고향에는 유명한 생선 요리가 있습니다.

④ 여자는 마이클 씨 고향에 여행을 가려고 합니다.

25-26 다음을 듣고 물음에 답하십시오. (각 4점)

25 어떤 이야기를 하고 있는지 고르십시오.

① 설명　　　　② 감사　　　　③ 부탁　　　　④ 질문

26 들은 내용과 같은 것을 고르십시오.

① 봄에 마스크를 사용하는 사람들이 많습니다.

② 먼지가 코나 입으로 들어가는 것이 좋습니다.

③ 여자들은 화장 때문에 마스크를 쓰지 않습니다.

④ 마스크를 쓰면 밖의 공기가 들어가기 쉽습니다.

27-28 다음을 듣고 물음에 답하십시오. (각 4점) `32회 기출문제`

27 어떤 이야기를 하고 있는지 고르십시오.

① 회의 시간　　② 회의 장소　　③ 회의 내용　　④ 회의 결과

28 들은 내용과 같은 것을 고르십시오.

① 금요일 회의는 짧게 할 겁니다.

② 남자는 저녁 식사를 예약할 겁니다.

③ 여자는 금요일에 다른 회의가 있습니다.

④ 두 사람은 오늘 같이 저녁을 먹을 겁니다.

29-30 다음을 듣고 물음에 답하십시오. (각 4점)

29 여자는 왜 기분이 좋습니까?

① 한국어 시험을 봐서　　　　② 장학금을 받아서

③ 한국어 공부를 열심히 해서　　④ 부모님이 전화하셔서

30 들은 내용과 같은 것을 고르십시오.

① 남자는 한국어 시험 성적표를 받았습니다.

② 여자는 오늘 부모님께 전화를 할 겁니다.

③ 여자는 매일 수업 시간에 열심히 공부했습니다.

④ 여자는 수업이 끝난 후에 단어를 외웠습니다.

31-33 무엇에 대한 이야기입니까? 〈보기〉와 같이 알맞은 것을 고르십시오.

> **보 기**
>
> 겨울은 춥습니다. 눈이 옵니다.
>
> ❶ 날씨　　　② 겨울　　　③ 나이　　　④ 나라

31　(2점)

저는 한국 사람입니다. 제 친구는 일본 사람입니다.

① 가족　　　② 직업　　　③ 나라　　　④ 이름

32　(2점)

월요일에 농구를 합니다. 주말에 친구하고 테니스를 칩니다.

① 장소　　　② 운동　　　③ 날짜　　　④ 직업

33　(3점)

여섯 시에 친구를 만날 겁니다. 그래서 지금 지하철역에서 친구를 기다립니다.

① 교통　　　② 여행　　　③ 약속　　　④ 시간

34-39 〈보기〉와 같이 빈칸에 제일 알맞은 것을 고르십시오.

보 기

봄입니다. (   )이 예쁩니다.

❶ 꽃   ② 날씨   ③ 나이   ④ 나라

34 (2점)

저는 빵(   ) 먹습니다.

① 은   ② 을   ③ 하고   ④ 에

35 (2점)

채소 가게에 갑니다. (   )를 삽니다.

① 감자   ② 우유   ③ 빵   ④ 종이

36 (2점)

오늘은 제 결혼식입니다. 친구들을 (   ).

① 초대했습니다   ② 몰랐습니다   ③ 만들었습니다   ④ 인사했습니다

37 (2점)

빨래를 했습니다. 옷이 (   ).

① 넓습니다   ② 중요합니다   ③ 밝습니다   ④ 깨끗합니다

38 (3점)

택시가 빨리 갑니다. 그래서 공항에 (　　　) 도착할 겁니다.

① 아주　　　　② 일찍　　　　③ 벌써　　　　④ 가끔

39 (3점)

이번 시험을 잘 봤어요. 그래서 장학금을 (　　　).

① 보였어요　　　② 찾어요　　　③ 알았어요　　　④ 받았어요

40-42 다음을 읽고 맞지 <u>않는</u> 것을 고르십시오.

40 (3점)

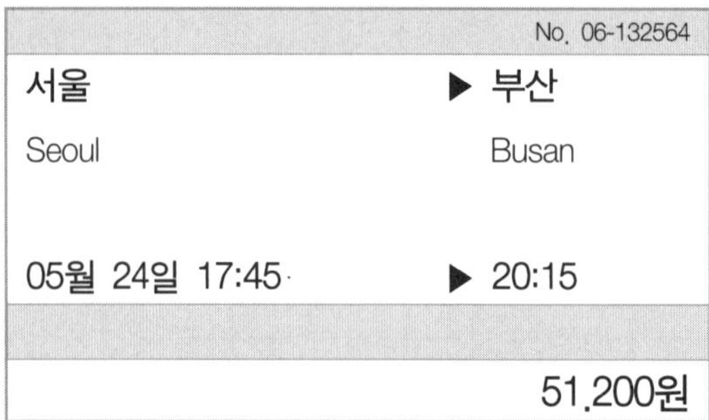

① 5월 24일 표입니다.

② 표는 한 장에 51,200원입니다.

③ 오전 여덟 시 십오 분에 도착합니다.

④ 서울에서 부산까지 두 시간 삼십분 걸립니다.

41 (3점)

세종 약국

이름: 정한솔
1일 2회 2일

(아침) 점심 (저녁) (식후 30분)

2014년 3월 17일
약사 김미정

① 이틀 동안 약을 먹습니다.
② 김미정 씨가 약을 샀습니다.
③ 3월 17일에 약을 샀습니다.
④ 점심에는 약을 먹지 않습니다.

42 (2점)

503호		502호
컴퓨터 교실		사무실
화장실	↑	501호

① 화장실은 501호 앞에 있습니다.
② 사무실은 화장실 옆에 있습니다.
③ 503호는 컴퓨터 교실 옆에 있습니다.
④ 컴퓨터 교실은 사무실 앞에 있습니다.

43-45 다음의 내용과 같은 것을 고르십시오.

43 (3점)

> 저는 보통 아침 6시에 일어납니다. 일어나서 물을 마시고 운동을 합니다. 그리고 집에 와서 우유와 빵을 먹고 뉴스를 봅니다. 학교에 가서 커피를 마시고 공부를 합니다.

① 아침에 늦게 일어납니다.
② 집에서 커피를 마십니다.
③ 학교에서 뉴스를 봅니다.
④ 운동을 하고 빵을 먹습니다.

44 (3점)

> 지난 주 금요일에 어머니가 돈을 보냈습니다. 저는 돈을 찾으러 은행에 갔습니다. 월요일이어서 은행에 사람들이 많았습니다.

① 어머니는 오늘 돈을 찾았습니다.
② 지난 주에 저는 돈을 찾았습니다.
③ 월요일에는 은행에 사람들이 많습니다.
④ 어머니에게 돈을 보내러 은행에 갔습니다.

45 (3점)

> 어제 저는 오랜만에 친구들과 수영장에 갔습니다. 친구들하고 재미있게 놀았습니다. 그런데 수영을 한 후에 머리도 아프고 귀도 아팠습니다. 소리도 잘 안 들렸습니다.

① 오랜만에 수영장에서 친구를 만났습니다.
② 머리가 아파서 수영장에서 친구들과 놀았습니다.
③ 수영을 하는 동안 귀하고 머리가 아팠습니다.
④ 수영을 한 후 친구의 말이 잘 들리지 않았습니다.

46-48 다음을 읽고 중심 생각을 고르십시오.

46 (3점)

> 저는 영화를 자주 보러 갑니다. 일주일에 한 번 극장에 갑니다. 이번 주 일요일에 친구와 같이 영화를
> 보러 갈 겁니다.

① 제 취미는 영화보기입니다.
② 저는 일요일에 친구를 만납니다.
③ 저는 일요일에 영화를 볼 겁니다.
④ 저는 친구와 함께 영화를 볼 겁니다.

47 (3점)

> 저는 매일 도서관에 갑니다. 거기에서 책도 읽고 숙제도 하면 기분이 좋습니다. 그리고 읽고 싶은 책도
> 자주 빌립니다.

① 저는 책을 읽습니다.
② 저는 자주 책을 빌립니다.
③ 저는 도서관을 좋아합니다.
④ 저는 주말에 책을 빌리고 싶습니다.

48 (2점)

> 저는 매일 공원에 가서 1시간 동안 걷기 운동을 합니다. 운동을 한 후부터 건강해졌습니다. 그래서 바
> 쁘지만 자주 공원에 갑니다.

① 저는 걷기 운동을 해서 건강합니다.
② 바쁘면 걷기 운동을 하지 않습니다.
③ 피곤한 사람은 공원에 가면 좋습니다.
④ 매일 공원에 가서 아픈 적이 없습니다.

49-50 다음을 읽고 물음에 답하십시오. (각 2점) 개편 샘플문항

요즘 (㉠) 가게들이 인기가 많습니다. 그 가게에서는 옛날에 나온 장난감을 살 수 있습니다. 또 옛날 만화책도 구경할 수 있습니다. 그리고 그 가게에 가면 오래 전 음악도 들을 수 있습니다. 어른들은 그 가게에서 아이들과 함께 옛날이야기를 합니다.

49 (㉠)에 들어갈 알맞은 말을 고르십시오.

① 장난감을 만드는　　　　② 학교 근처에 있는

③ 옛날 물건을 파는　　　　④ 옛날이야기를 해 주는

50 이 글의 내용과 같은 것을 고르십시오.

① 어른들만 이 가게에 자주 갑니다.

② 이 가게에는 옛날 음악이 나옵니다.

③ 요즘 장난감 가게들이 많이 있습니다.

④ 이 가게에 가면 요즘 만화책이 많습니다.

51-52 다음을 읽고 물음에 답하십시오. (각 2점) 25회 기출문제

유명한 축구 선수 박재성 씨의 발을 본 적이 있습니까? 박재성 씨의 발은 예쁘지 않습니다. 왜냐하면 쉬지 않고 열심히 (㉠) 때문입니다. 어릴 때는 축구를 잘 못했지만 열심히 노력해서 잘하게 되었습니다. 박재성 씨의 발은 아름답지 않지만 그 발로 하는 축구는 세상에서 가장 멋있습니다.

51 (㉠)에 들어갈 알맞은 말을 고르십시오.

① 다녔기　　　② 걸었기　　　③ 구경했기　　　④ 연습했기

52　이 글의 내용과 같은 것을 고르십시오.

① 박재성 씨는 발이 예쁩니다.

② 박재성 씨가 하는 축구는 멋있습니다.

③ 박재성 씨는 어릴 때부터 축구를 잘했습니다.

④ 박재성 씨는 발을 예쁘게 만들려고 노력했습니다.

53-54　다음을 읽고 물음에 답하십시오. 개편 샘플문항

텔레비전을 좋아하는 아이들은 집에서 책을 잘 읽지 않습니다. 그래서 어떤 부모들은 거실에 텔레비전 대신 책상과 책장을 놓습니다. 그리고 시간이 있을 때마다 거기에서 함께 책을 읽습니다. 그러면 (　　　) 아이들도 책을 읽습니다.

53　(　　　)에 알맞은 말을 고르십시오. (2점)

① 부모를 따라서　　　　　② 밥을 먹지 않고

③ 친구들과 놀지 않고　　　④ 텔레비전을 보면서

54　이 글의 내용과 같은 것을 고르십시오. (3점)

① 아이들은 부모와 함께 놀아야 합니다.

② 아이들은 텔레비전보다 책을 훨씬 좋아합니다.

③ 거실에 텔레비전이 없으면 아이들이 책을 봅니다.

④ 요즘 부모들은 아이들과 책을 볼 시간이 없습니다.

55-56 다음을 읽고 물음에 답하십시오.

제니 씨, 이번 주 금요일 6시에 집들이를 하는데 시간이 있으면 우리 집에 오세요. 제가 지난주에 이사 했어요. (　　) 집들이를 하려고 해요. 제 어머니와 함께 맛있는 한국 음식을 만들 거예요. 그날 친구들 은 5시에 명동역 3번 출구에서 만나서 올 거예요. 제니 씨도 친구들과 만나서 같이 오면 집 찾기가 쉬울 거예요. - 수잔 -

---

55 (　　)에 들어갈 알맞은 말을 고르십시오. (2점)

① 그리고　　　　② 그러면　　　　③ 그러나　　　　④ 그래서

56 이 글의 내용과 같은 것을 고르십시오. (3점)

① 집들이는 저녁 6시에 시작합니다.
② 수잔 씨는 제니 씨의 집을 모릅니다.
③ 수잔 씨는 혼자 한국 음식을 만듭니다.
④ 수잔 씨는 고향집에서 집들이를 합니다.

57-58 다음을 읽고 물음에 답하십시오.

57 　　(2점)

(가) 저는 3년 전에 한국에 왔습니다.
(나) 그래서 한국 친구들과 선생님이 저를 많이 도와주었습니다.
(다) 처음 왔을 때 한국어도 모르고 한국 문화도 잘 몰랐습니다.
(라) 내년에 대학원에 들어가면 공부를 열심히 할 수 있을 것 같습니다.

---

① (가)-(다)-(나)-(라)　　　　② (가)-(나)-(라)-(다)
③ (가)-(다)-(라)-(나)　　　　④ (가)-(라)-(나)-(다)

58 (3점)

> (가) 채소를 먹은 후 몸무게가 2주 만에 2kg이 빠졌습니다.
>
> (나) 저는 올해 2월부터 고기보다 채소를 많이 먹기 시작했습니다.
>
> (다) 그리고 채소의 비타민 때문에 피부도 좋아져서 젊어 보입니다.
>
> (라) 앞으로 채소를 계속 먹으면 건강과 피부를 지킬 수 있을 겁니다.

① (나)-(라)-(다)-(나) ② (나)-(가)-(다)-(라)
③ (나)-(다)-(가)-(나) ④ (나)-(라)-(가)-(다)

59-60 다음을 읽고 물음에 답하십시오.

> (㉠) 추석 음식인 송편은 재료와 모양이 지역마다 다릅니다. 제주도에서는 완두콩으로 송편을 만들고 강원도에서는 감자로 만듭니다. (㉡) 그리고 송편 모양도 다른데 북쪽 지역은 크고 남쪽 지역은 작고 예쁩니다. (㉢) 이처럼 지역마다 맛과 모양이 다양하지만 송편은 추석 음식으로 어디에서나 사랑받고 있습니다. (㉣)

59 다음 문장이 들어갈 곳을 고르십시오. (2점)

> 전라도에서는 다섯 가지 재료를 함께 넣어서 만듭니다.

① ㉠　　　② ㉡　　　③ ㉢　　　④ ㉣

60 이 글의 내용과 같은 것을 고르십시오. (3점)

① 송편은 만드는 방법과 재료는 거의 다 비슷합니다.
② 송편은 지역마다 색깔이 달라서 골라 먹어야 합니다.
③ 남쪽 지역 송편은 북쪽 지역 송편보다 크기가 작습니다.
④ 제주도와 강원도 송편만 사람들의 사랑을 받고 있습니다.

61-62 다음을 읽고 물음에 답하십시오. (각 2점) 24회 기출문제

> 최근 요리를 배우는 남자들이 많아졌습니다. 요즘은 부부가 둘 다 일을 하니까 남자들도 집에서 음식을 만들어야 할 때가 많습니다. 요리에 관심이 많아서 학원에 다니는 남자들도 있습니다. 생활에 필요해서 배우는 것이 아니라 요리를 ( ) 배우는 것입니다.

61 ( )에 들어갈 알맞은 말을 고르십시오.

① 알아서　　② 골라서　　③ 좋아해서　　④ 준비해서

62 이 글의 내용과 같은 것을 고르십시오.

① 요즘 부부가 함께 요리를 배웁니다.
② 일을 하는 남자들은 요리를 안 합니다.
③ 최근에는 남자들도 집에서 자주 요리를 합니다.
④ 남자들은 요리사가 되기 위해서 학원에 다닙니다.

63-64 다음을 읽고 물음에 답하십시오.

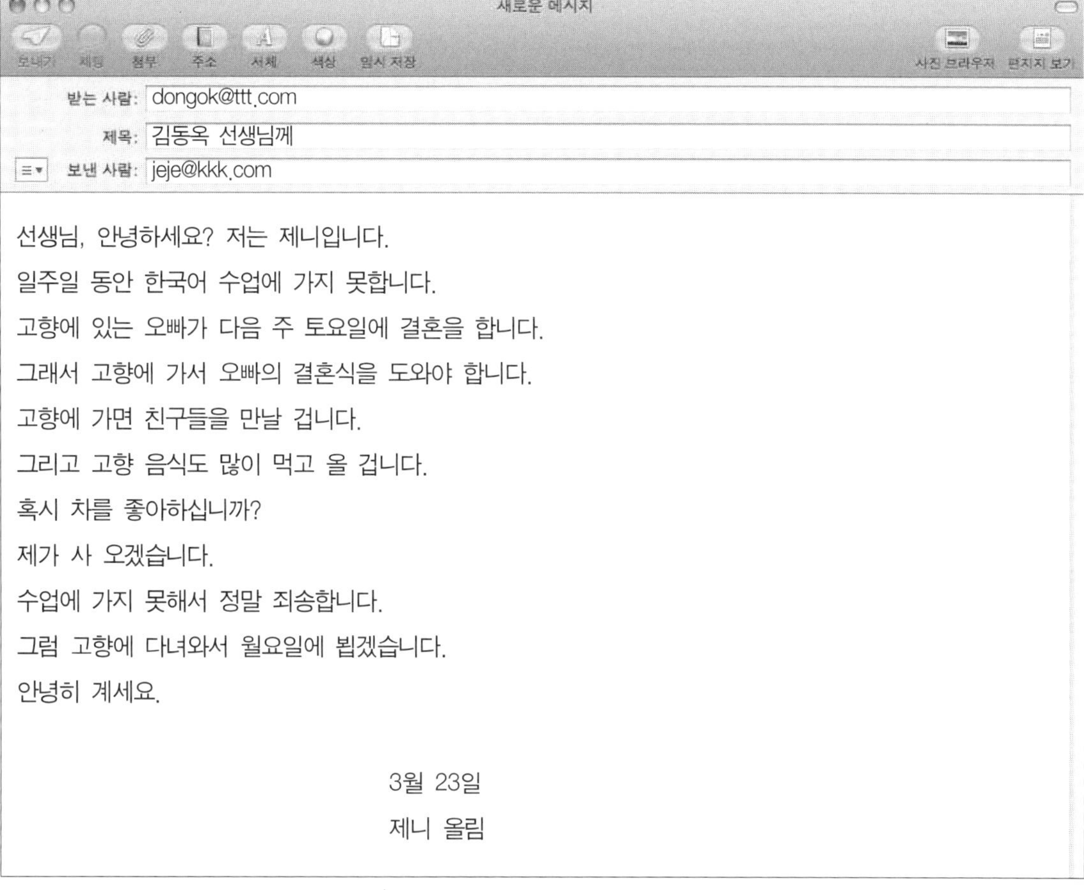

선생님, 안녕하세요? 저는 제니입니다.

일주일 동안 한국어 수업에 가지 못합니다.

고향에 있는 오빠가 다음 주 토요일에 결혼을 합니다.

그래서 고향에 가서 오빠의 결혼식을 도와야 합니다.

고향에 가면 친구들을 만날 겁니다.

그리고 고향 음식도 많이 먹고 올 겁니다.

혹시 차를 좋아하십니까?

제가 사 오겠습니다.

수업에 가지 못해서 정말 죄송합니다.

그럼 고향에 다녀와서 월요일에 뵙겠습니다.

안녕히 계세요.

3월 23일

제니 올림

63 제니 씨는 왜 이 글을 썼습니까? (2점)

① 선생님께 감사해서 ② 한국어 수업에 못 가서

③ 고향 남자와 결혼을 해서 ④ 선생님께 선물을 드리고 싶어서

64 이 글의 내용과 같은 것을 고르십시오. (3점)

① 제니 씨는 오빠의 결혼 준비를 도울 수 없습니다.

② 제니 씨는 결혼식에 선생님을 초대하고 싶습니다.

③ 제니 씨는 이번 주 토요일에 고향으로 출발합니다.

④ 제니 씨는 고향에 있는 가족에게 선물을 줄 겁니다.

65-66 다음을 읽고 물음에 답하십시오. 23회 기출문제

저는 일요일 아침마다 축구를 합니다. 축구를 하면서 한국 사람을 많이 만났습니다. 우리는 서로 취미가 같기 때문에 (㉠) 친해질 수 있었습니다. 저는 그 친구들과 평일에도 만나서 이야기를 하고 맛있는 음식도 먹습니다.

65 (㉠)에 들어갈 알맞은 말을 고르십시오. (2점)

① 늦게　　　　② 쉽게　　　　③ 바쁘게　　　　④ 고맙게

66 이 글의 내용과 같은 것을 고르십시오. (3점)

① 저는 매일 아침 친구들과 축구를 합니다.
② 저는 한국 사람들을 일주일에 한 번 만납니다.
③ 축구 때문에 많은 한국 사람들을 알게 됐습니다.
④ 제 취미는 사람들과 맛있는 음식을 먹는 것입니다.

67-68 다음을 읽고 물음에 답하십시오. (각 3점)

아이들이 농촌 생활을 경험해 볼 수 있는 곳이 생겼습니다. 이곳에서 아이들은 도시에서 경험하기 힘든 일들을 할 수 있습니다. 돌로 불을 피워서 밥을 해 볼 수 있습니다. 그리고 (㉠) 지은 밥을 가족과 먹을 수 있습니다. 이곳에서의 경험은 아이들 교육에 (㉡).

67 ㉠에 알맞은 것을 고르십시오.

① 자주　　　　② 금방　　　　③ 가끔　　　　④ 계속

68 ㉡에 알맞은 것을 고르십시오.

① 도움이 될 것 같습니다.　　② 도움이 되기 바랍니다.

③ 도움이 되기 쉽습니다.　　④ 도움이 되어 드릴 수 있습니다.

69-70 다음을 읽고 물음에 답하십시오. (각 3점) 개편 샘플문항

> 　어렸을 때 우리 부모님은 일 때문에 나를 (㉠) 시간이 없으셨습니다. 그래서 시골에 계신 할머니께서 저를 키워 주셨습니다. 어느 날 밤, 나는 배가 너무 아팠습니다. 시간이 늦어서 병원에 갈 수도 없었습니다. 그때 할머니께서 내 배를 만져 주셨습니다. 한참 동안 할머니가 배를 만지니까 배가 아프지 않았습니다. 할머니의 손은 약손이었습니다.

69 (㉠)에 들어갈 알맞은 말을 고르십시오.

① 키울　　　　② 부를　　　　③ 혼낼　　　　④ 보낼

70 이 글의 내용으로 알 수 있는 것은 무엇입니까?

① 우리 할머니는 항상 바쁘셨습니다.

② 우리 부모님은 일찍 돌아가셨습니다.

③ 나는 밤늦게 병원에 가는 것을 싫어했습니다.

④ 내가 아플 때 할머니가 나를 낫게 해 주셨습니다.

한국어능력시험 I 실전모의고사

정답 및 해설 1,2회

정답 *Answers*

1	2	3	4	5	6	7	8	9	10
③	④	①	②	①	①	①	③	④	②

11	12	13	14	15	16	17	18	19	20
③	①	①	④	③	④	②	③	④	③

21	22	23	24	25	26	27	28	29	30
④	④	②	③	①	③	①	④	②	②

해설 *Explanations*

[1-4] 질문에 맞는 답을 고르는 문제입니다.

1. 이 문제는 '네', '아니요'에 맞는 대답을 고르는 문제입니다.
   이 문제에서는 형용사와 동사의 반대말을 묻는 문제가 자주 나옵니다.
   정답은 '네, 책상이 많아요.' 또는 '아니요, 책상이 적어요.'입니다.

   [예문] 가: 교실이 커요?
   　　　 나: 네, 교실이 커요. / 아니요, 교실이 작아요.

2. 내일 할 일을 묻는 질문입니다. 미래의 일을 이야기할 때에는 '-(으)ㄹ 거예요',
   '-(으)려고 해요', '-겠어요' 등의 표현을 사용합니다.

   [예문] 가: 이번 주말에 뭘 할 거예요?
   　　　 나: 친구하고 영화를 볼 거예요.

3. 길을 묻는 질문입니다.
   방향을 이야기할 때에는 '-(으)로 가세요'라는 표현을 자주 사용합니다.

   [예문] 가: 우체국이 어디에 있어요?
   　　　 나: 사거리에서 왼쪽으로 가세요.

4. 도서관에 왜 가는지를 묻는 질문입니다.

   어떤 장소에 가는 목적을 말할 때 '-에 -(으)러 가다/오다'를 많이 사용합니다.

   [예문] 가: 학교에 왜 가요?

   　　　 나: 학교에 공부하러 가요.

[5-6] 한 사람의 말을 듣고 그 말에 이어질 수 있는 대답을 고르는 문제입니다.

5. 처음 만나서 인사할 때 사용하는 표현입니다.

   [예문] 가: 처음 뵙겠습니다. 이수미입니다.

   　　　 나: 안녕하세요. 저는 제니입니다. 만나서 반갑습니다.

6. 전화를 건 사람이 자기 이름을 말할 때 '-(이)라고 하다'를 사용합니다.

   [예문] 가: (따르릉) 여보세요.

   　　　 나: 안녕하세요. 저는 김영수라고 합니다.

[7-10] 두 사람이 대화하는 장소를 묻는 문제입니다.

7. '산책하다'라는 단어에서 이 장소가 공원이라는 것을 알 수 있습니다.

8. 영화를 보는 곳을 '극장'이나 '영화관'이라고 합니다.

9. '손님'은 동대문 시장으로 가 달라고 부탁합니다.

   택시 기사와 손님이 택시 안에서 이야기를 하고 있습니다.

10. 청바지를 살 수 있는 곳은 '옷가게'입니다.

[11-14] 무엇에 대해서 이야기하고 있는지 대화의 주제를 고르는 문제입니다.

11. 남자가 식당에 전화를 걸어서 3명의 자리와 식사를 예약하고 있습니다.

12. '아파트'와 '동, 호수'는 주소를 말할 때 사용하는 단어입니다.

13. 여자가 남자에게 현재 시간을 가르쳐 주고 있습니다.
    '시, 분'은 시간을 말할 때 사용하는 단어입니다.

14. 여자가 남자의 고향을 묻고 있습니다.
    고향을 이야기할 때 '−에서 왔습니다'라는 표현을 사용합니다.

[15-16] 두 사람의 대화를 듣고 맞는 그림을 고르는 문제입니다.

15. 남학생과 할머니가 계단 아래에 있습니다.
    남학생은 계단 아래에서 무거운 짐을 들고 있는 할머니를 도와 드리려고 합니다.
    할머니는 남학생에게 가방을 계단 위까지 들어 달라고 부탁하고 있습니다.

16. 여자와 남자는 지금 식당에 있습니다.
    두 사람은 메뉴를 보면서 무엇을 먹을지 이야기하고 있습니다.

[17-21] 들은 내용과 같은 것을 고르는 문제입니다.

17. ① 여자는 어제 동대문 시장에 갔습니다.
    ③ 여자는 어제 운동화를 사고 싶었습니다.
    ④ 두 사람은 같이 동대문 시장에 가자고 이야기하지 않았습니다.

18. ① 여자는 방학 동안 제주도를 여행했습니다.

② 남자는 방학에 부산으로 여행을 갔습니다.

④ 여자는 친구하고 같이 제주도에 다녀왔습니다.

19. ① 남자의 부모님은 모두 미국에 계십니다.

② 여자의 언니는 지금 회사원입니다.

③ 남자는 한국에서 형하고 같이 살고 있습니다.

20. ① 두 사람은 기차역에 있습니다.

② 남자는 3월 27일에 부산에 갈 겁니다.

④ 기차 출발 시간은 9시입니다.

21. ① 남자는 어제 집을 보러 온다고 전화했습니다.

② 남자는 이 근처로 이사를 올 겁니다.

③ 남자는 마음에 드는 집을 구했습니다.

....

[22-24] 들은 내용과 같은 것을 고르는 문제입니다.

22. ① 여자는 태권도를 배우러 여기에 왔습니다.

② 여자는 고향에서 태권도 경기하는 걸 본 적이 있습니다.

③ 태권도는 요즈음 여자들에게 인기가 많습니다.

23. ① 여자는 마이클 씨하고 약속을 했습니다.

③ 마이클 씨가 왜 약속에 늦는지 모릅니다.

④ 여자는 혼자 커피숍에 갈 겁니다.

24. ① 남자는 넥타이를 사려고 가게에 왔습니다.

② 남자는 다음 주말에 친구 결혼식에 갈 겁니다.

④ 요즈음 남색 넥타이가 유행하고 있습니다.

[25-26] 대화를 듣고 질문에 대답하는 문제입니다.

25. 여자는 백화점 설날 휴무와 설날 선물세트 할인에 대한 안내 방송을 하고 있습니다.

26. ① 한국백화점은 설날에 문을 닫습니다.
    ② 일주일 동안 설날 선물세트를 할인합니다.
    ④ 아직 설날이 되지 않았습니다.

[27-28] 대화를 듣고 질문에 대답하는 문제입니다.

27. 남자와 여자는 이번 연휴에 한 일에 대해서 이야기하고 있습니다.

28. ① 여자는 지금 후회를 하고 있습니다.
    ② 여자는 경주에 가 본 적이 없습니다.
    ③ 남자는 연휴를 아주 즐겁게 보냈습니다.

[29-30] 대화를 듣고 질문에 대답하는 문제입니다.

29. 여자는 어제 같이 사는 친구가 아파서 같이 병원에 갔습니다.
    그래서 철수 씨 생일파티에 가지 못했습니다.

30. ① 여자는 어제 마이클 씨 생일파티에 안 갔습니다.
    ③ 여자의 친구는 어젯밤부터 다시 열이 나고 기침을 합니다.
    ④ 여자는 철수 씨한테 전화해서 미안하다고 말할 겁니다.

정답 *Answers*

31	32	33	34	35	36	37	38	39	40
④	③	①	①	②	③	②	③	④	①
41	42	43	44	45	46	47	48	49	50
①	④	④	④	④	①	①	④	④	①
51	52	53	54	55	56	57	58	59	60
①	②	③	②	②	④	②	③	①	③
61	62	63	64	65	66	67	68	69	70
①	④	①	①	①	③	③	③	③	②

해설 *Explanations*

31. '언니'와 '여동생'은 가족을 이야기할 때 사용하는 단어입니다. 두 문장은 가족을 소개하는 문장입니다.

32. '은행원'은 직업의 종류이고 은행원은 은행에 다닙니다. 두 문장은 직업을 소개하는 문장입니다.

33. 취미를 소개하는 문장입니다. 내가 좋아하는 일을 하면 즐겁습니다. 이 일을 하는 것을 취미라고 합니다. 영화를 좋아해서 극장에 가는 것은 나의 취미입니다.

34. 주어 뒤에는 '-이/가'가 있어야 합니다.

35. 이 문제는 장소를 찾는 문제입니다. 과일을 사러 시장에 가야 합니다.

36. '보내다'는 사람이 어떤 장소에서 생활을 하면서 시간을 지내다는 뜻입니다. 제주도에 여행 가서 재미있게 시간을 지내니까 '보내다'가 맞습니다.

37. 병원에 가는 이유를 찾아야 합니다. '아프다'가 정답입니다.

38. 부사를 찾는 문제입니다. 피곤해서 '가끔' 농구를 합니다.

39. 반지는 '끼다'라는 동사와 함께 사용해야 합니다. '모자를 쓰다', '가방을 메다', '신발을 신다' 등 한국어에는 탈착 동사가 있는데, 이것을 꼭 기억해야 합니다.

40. 물은 한 병에 800원인데 할인을 해서 500원입니다.

41. 여행 신청은 일주일이 아니라 6일 동안 할 수 있습니다.

42. 물건을 산 후 5만 원을 냈습니다. '받은 돈' 5만 원은 가게 점원이 받은 돈입니다. 손님은 5만 원을 내고 23,400원을 받았습니다. 받은 돈을 '거스름돈'이라고 합니다.

43. ① 저와 제 친구는 부산에 삽니다. (×) → 선생님은 부산에 삽니다.
② 저는 선생님을 만나서 부산에 갑니다. (×) → 선생님을 만나러 갑니다.
③ 선생님은 저하고 친구에게 꽃을 줄 겁니다. (×) → 선생님에게 꽃을 줄 겁니다.

44. ① 저는 동대문 시장에서 옷을 샀습니다. (×) → 저는 옷을 사지 않았습니다.
② 제 친구는 동대문 시장에서 옷을 팝니다. (×) → 친구는 옷을 샀습니다.
③ 동대문 시장에는 비싼 신발이 많았습니다. (×) → 싸고 좋은 신발이 많았습니다.

45. ① 마이클이 선물을 주었습니다. (×) → 내가 마이클에게 선물을 주었습니다.
② 월요일에 선물 가게에 갔습니다. (×) → 일요일에 갔습니다.
③ 주말에 마이클 씨를 만났습니다. (×) → 월요일에 마이클 씨를 만날 겁니다.

46. ② 제 친구는 동물을 좋아합니다. (×) → 이 이야기는 제 친구의 이야기가 아닙니다.
③ 저는 동물원이 멀어서 자주 안 갑니다. (×) → 맞지만 중심 이야기가 아닙니다.
④ 저와 제 친구 집은 동물원에서 멉니다. (×) → 중심 이야기가 아닙니다.

47. ② 저는 주말에는 공부를 하지 않습니다. (×) → 주말에도 공부했습니다.

③ 저는 다음 주에 시험을 잘 볼 겁니다. (×) → 맞지만 중심 이야기가 아닙니다.

④ 저는 주말에는 집에서 쉬고 싶습니다. (×) → 이 이야기는 없습니다.

48. ① 저는 많은 드라마를 압니다. (×) → 이 이야기는 없습니다.

② 저는 매일 한국 드라마를 봅니다. (×) → 자주 한국 드라마를 봅니다.

③ 저는 모르는 단어가 많이 있습니다. (×) → 드라마에 모르는 단어가 많이 있습니다.

49. 눈이 나빠지지 않게 하려고 눈을 쉬게 하는 것입니다.

50. ② 먼 곳을 보는 것은 눈에 안 좋습니다. (×) → 먼 곳을 보는 것은 눈에 좋습니다.

③ 눈을 쉬게 할 때 책을 읽으면 좋습니다. (×) → 책을 읽으면 안 좋습니다.

④ 쉬고 싶을 때 컴퓨터를 하는 것이 좋습니다. (×) → 이 이야기는 없습니다.

51. 뒤의 문장에 '꽃차를 마실 때 눈도 즐겁습니다.'라는 내용이 있기 때문에 '눈도 좋아지기'가
맞습니다.

52. ① 꽃차를 마시는 방법 (×) → 꽃차를 마시는 방법에 대한 내용이 없습니다.

③ 꽃차를 마실 수 있는 곳 (×) → 꽃차를 마실 수 있는 곳에 대한 내용이 없습니다.

④ 꽃차가 건강에 좋은 이유 (×) → 건강에 좋을 것 같다는 내용만 있습니다. 건강에 좋은
이유에 대한 내용은 없습니다.

53. '1인 커피숍'이 많이 생기는 이유는 혼자 커피를 마셔도 편안하게 마실 수 있기 때문이다.

54. ① 혼자 오는 손님은 커피를 좋아합니다. (×) → 이 이야기는 없습니다.

③ '1인 가구'는 혼자 사는 사람들이 만듭니다. (×) → '1인 가구'는 혼자 사는 사람들이
사용합니다.

④ '1인 커피숍'에는 친구와 같이 갈 수 없습니다. (×) → 이 이야기는 없습니다.

55. 시내버스를 탄 후, 그 다음에 다시 버스를 타야 하기 때문에 '그리고'가 맞습니다.

56. ① 제니는 수잔의 집에 놀러 갈 겁니다. (×) → 수잔이 제니의 집에 놀러 갈 겁니다.

② 수잔은 한국은행 앞에서 마을버스를 탑니다. (×) → 대한마트 앞에서 마을버스를 갈아타야 합니다.

③ 수잔은 30번 마을버스로 갈아타야 합니다. (×) → 30번 버스는 시내버스입니다.

57. 글의 시작은 등산을 좋아하는데 겨울에는 등산하기가 불편하다는 문장이 와야 합니다. 다음문장은 이 불편을 스마트폰이 해결해 줄 수 있다는 문장이 와야 하고 마지막 문장으로는 어떻게 해결할 수 있는지에 대한 문장이 와야 합니다.

58. 인터넷 쇼핑을 하는 이유 두 가지 중 '−아서/어서'가 사용된 문장이 오고 다음 문장으로는 '−도'가 오는 문장이 와야 합니다. 마지막 문장으로는 안 좋은 점이 와야 하는데, '그런데'가 들어간 문장이 오면 흐름에 맞는 문장 구조가 됩니다.

59. 마트에 가면 물건의 위치 때문에 다른 물건을 많이 산다는 내용입니다. 첫 문장을 제외하고 이러한 이유들을 예를 들거나 설명을 하고 있습니다. 그래서 이 문장은 제일 앞에 와야 합니다.

60. ① 마트에서는 계획한 만큼 물건을 삽니다. (×) → 물건을 더 많이 삽니다.

② 비누는 마트의 입구에서 살 수 있습니다. (×) → 비누는 마트의 안쪽에 있습니다.

④ 생활에 필요한 물건은 입구 근처에 있습니다. (×) → 이런 물건은 안쪽에 있습니다.

61. 눈이 많이 내리는 겨울에는 동물들이 먹이를 쉽게 구할 수 없어서 먹이가 부족하면 죽을 수도 있습니다.

62. ① 동물들은 사람들이 오기 전에 먹이를 찾습니다. (×) → 이 이야기는 없습니다.

② 가을에 단풍이 아름다워서 동물들이 좋아합니다. (×) → 사람이 단풍을 좋아합니다.

③ 동물들의 먹이를 사람들이 먹으면 죽을 수 있습니다. (×) → 이 이야기는 없습니다.

63. 선생님이 민수를 초대해서 민수가 피아노 연주회를 감상할 수 있었습니다. 선생님께 고마워서 이 메일을 보낸 것입니다.

64. ② 민수 씨는 사람이 많아서 연주회를 못 봤습니다. (×) → 연주회를 봤습니다.

③ 선생님은 다음 주에 다시 연주회를 하려고 합니다. (×) → 이 이야기는 없습니다.

④ 민수 씨는 연주회 전에 선생님을 만나고 싶었습니다. (×) → 연주회 후에 만나고 싶었습니다.

65. '자라다'는 아이들이 지나면서 점점 몸이 성장하는 것을 말합니다.

66. ① 햇빛은 우리 몸에 필요하지 않습니다. (×) → 필요합니다.

② 햇빛을 받지 않으면 병에 걸리지 않습니다. (×) → 병에 걸립니다.

④ 마음이 행복해지려면 화를 내거나 슬퍼해야 합니다. (×) → 이 이야기는 없습니다.

67. 가구를 만들어서 사용하는 사람들이 많으니까 '직접'이 맞습니다.

68. '-기로 하다'는 결심이나 약속을 말할 때 사용합니다. 그래서 '만들기로 했습니다.'가 맞습니다.

69. '스마트폰을 잊어버리면 어떨까요?'라는 문장에서 스마트폰을 사용하지 않으면 남을 도울 수 있다는 것을 알 수 있습니다.

70. ① 어린이가 10분 동안 사용할 물이 필요합니다. (×) → 이 이야기는 없습니다.

③ 깨끗한 물은 어디에서든지 마실 수 없습니다. (×) → 스마트폰을 10분 동안 사용하지 않으면 언제든지 어디에서든지 남을 도울 수 있습니다.

④ 가끔 사용하는 스마트폰을 잃어버려도 괜찮습니다. (×) → 10분 동안 스마트폰을 잊어버리면 남을 도울 수 있습니다.

정답 *Answers*

1	2	3	4	5	6	7	8	9	10
③	①	④	②	①	③	②	①	②	④
11	12	13	14	15	16	17	18	19	20
②	①	②	②	①	④	④	①	④	①
21	22	23	24	25	26	27	28	29	30
④	②	②	③	①	①	①	③	②	③

해설 *Explanations*

[1-4] 질문에 맞는 답을 고르는 문제입니다.

1. 이 문제는 '네', '아니요'에 맞는 대답을 고르는 문제입니다.
   '-이에요/예요?'로 질문했을 때는 '네, -이에요/예요', '아니요, -이/가 아니에요'로 대답하고,
   '-아요/어요?'로 질문했을 때는 '네, -아요/어요', '아니요, -지 않아요.'로 대답해야 합니다.

   [예문] 가: 이 사람이 마이클 씨예요?
   나: 네, 마이클 씨예요. / 아니요, 마이클 씨가 아니에요.

   가: 마이클 씨가 지금 밥을 먹어요?
   나: 네, 밥을 먹어요. / 아니요, 밥을 먹지 않아요. 텔레비전을 봐요.

2. '(우리) 같이 -(으)ㄹ까요?'에 대한 대답은 '네, -(으)ㅂ시다', '아니요, -지 맙시다'입니다.

   [예문] 가: 이번 주말에 같이 산에 갈까요?
   나: 네, 갑시다. / 아니요, 가지 맙시다. 집에서 쉽시다.

3. 위치를 묻는 질문입니다. '-에 있어요'라는 표현을 많이 사용합니다.

   [예문] 가: 한국어 사무실에 어디에 있어요?
   나: 3층에 있어요.

4. '-이/가 어때요?'의 질문에는 형용사로 대답합니다.

> [예문] 가: 한국어 공부가 어때요?
>
> 나: 아주 재미있어요.

[5-6] 한 사람의 말을 듣고 그 말에 이어질 수 있는 대답을 고르는 문제입니다.

5. 전화를 맞게 했는지 확인할 때 '거기 -(이)지요?'라는 표현을 사용합니다.
맞을 때는 '네, 맞습니다.', 틀릴 때는 '잘못 거셨습니다.'라고 이야기합니다.

> [예문] 가: (따르릉) 거기 한국 대사관이지요?
>
> 나: 네, 맞습니다. / 아니요, 잘못 거셨습니다. 여기는 식당입니다.

6. 상대방이 미안하다고 사과할 때 보통 '아니에요, 괜찮습니다.'라고 대답합니다.

[7-10] 두 사람이 대화하는 장소를 묻는 문제입니다.

7. 여자는 집을 찾고 있습니다. 부동산에 가면 원하는 집을 쉽게 찾을 수 있습니다.

8. 여자는 생선을 사려고 합니다. 시장에서 생선을 살 수 있습니다.

9. 두 사람은 회의를 하려고 합니다. 보통 사무실에서 회의를 합니다.

10. 비행기가 출발하는 곳은 공항입니다.

[11-14] 무엇에 대해서 이야기하고 있는지 대화의 주제를 고르는 문제입니다.

11. 여자는 남자를 자기 생일 파티에 초대하고 있습니다.

12. 백화점에서 산 청바지와 모자에 대해 이야기하고 있습니다. 물건을 사는 것을 쇼핑이라고 합니다.

13. 남자는 식당에서 김밥하고 라면을 주문하고 있습니다.
‘주문하다’와 같은 뜻으로 ‘시키다’라는 단어도 있습니다.

14. 여자가 남자한테 한국 빌딩의 위치를 묻고 있습니다.
방향을 이야기할 때 ‘-(으)로 가세요.’라는 표현을 자주 사용합니다.

[15-16] 두 사람의 대화를 듣고 맞는 그림을 고르는 문제입니다.

15. 두 사람은 은행 안에서 이야기하고 있습니다.
남자는 은행 직원이고 여자는 손님입니다. 남자는 돈을 찾으려면 번호표를 먼저 뽑아야 한다고 설명하고 있습니다.

16. 두 사람은 길이 막히는 차 안에서 이야기를 하고 있습니다.
두 사람은 시계를 보면서 약속 시간에 늦을 것 같아서 걱정하고 있습니다.

[17-21] 들은 내용과 같은 것을 고르는 문제입니다.

17. ① 남자는 이번 주 토요일에 생일 파티를 하려고 합니다.
② 여자는 이번 주 토요일에 부모님을 만날 겁니다.
③ 여자는 남자의 생일파티에 갈 수 없습니다.

18. ② 남자는 매운 비빔냉면을 먹을 겁니다.
③ 남자는 매운 음식을 좋아합니다.
④ 남자는 비빔냉면하고 물을 시켰습니다.

19. ① 여자는 주말 약속에 대해서 이야기하지 않았습니다.

    ② 여자가 여의도에 가 본 적이 있는지 없는지 모릅니다.

    ③ 여자는 여의도에서 꽃 사진을 찍고 싶습니다.

20. ② 여자는 아직 비행기 표를 예약하지 않았습니다.

    ③ 여자가 남자한테 전화했습니다.

    ④ 여자는 금요일에 제주도에 가려고 합니다.

21. ① 남자의 직업은 의사 선생님입니다.

    ② 여자는 지난 주말에 등산을 갔습니다.

    ③ 여자가 감기에 걸렸습니다.

[22-24] 들은 내용과 같은 것을 고르는 문제입니다.

22. ① 두 사람이 사과 가게에 간다는 이야기는 없습니다.

    ③ 사과 다이어트를 하면서 밥을 먹어도 됩니다.

    ④ 하루에 30분쯤 걷기 운동을 해야 합니다.

23. ① 여자는 아직 신청서를 쓰지 않았습니다.

    ③ 외국인등록증을 만들려면 여권과 재학증명서가 필요합니다.

    ④ 여자는 나중에 사진을 준비해서 올 겁니다.

24. ① 두 사람은 수업이 끝난 후에 영화를 보지 않을 겁니다.

    ② 남자는 내일 수업 시간에 고향을 소개할 겁니다.

    ④ 여자는 마이클 씨 고향에 대해서 궁금합니다.

[25-26] 대화를 듣고 질문에 대답하는 문제입니다.

25. 남자는 지금 마스크의 사용법에 대해서 자세히 설명하고 있습니다.

26. ② 먼지가 코나 입에 들어가면 좋지 않습니다.

　　③ 여자들은 화장 때문에 마스크 안에 휴지를 넣기도 합니다.

　　④ 마스크를 쓰면 밖의 공기가 들어가기 어렵습니다.

[27-28] 대화를 듣고 질문에 대답하는 문제입니다.

27. 남자와 여자는 언제 회의를 하면 좋을지 회의 시간에 대해서 이야기하고 있습니다.

28. ① 금요일 회의는 길게 할 겁니다.

　　② 여자가 저녁 식사를 예약할 겁니다.

　　④ 두 사람은 금요일 회의가 끝난 후에 저녁을 먹을 겁니다.

[29-30] 대화를 듣고 질문에 대답하는 문제입니다.

29. 여자는 선생님께 장학금을 받을 거라는 이야기를 들어서 기분이 좋습니다.

30. ① 여자는 한국어 시험 성적표를 받았습니다.

　　② 여자는 조금 전에 부모님께 전화를 했습니다.

　　④ 여자는 수업 시간 전에 단어를 찾아보고 공부했습니다.

정답 *Answers*

31	32	33	34	35	36	37	38	39	40
③	②	③	②	①	①	④	②	④	③
41	42	43	44	45	46	47	48	49	50
②	②	④	③	④	①	③	①	③	②
51	52	53	54	55	56	57	58	59	60
④	②	①	③	④	①	①	②	②	③
61	62	63	64	65	66	67	68	69	70
③	③	②	③	②	③	②	①	①	④

해설 *Explanations*

31. '한국'과 '일본'은 나라의 이름입니다. 어느 나라 사람인지 소개하는 문장입니다.

32. '농구'와 '테니스'는 운동의 종류입니다.

33. 시간과 장소, 그리고 '기다리다'라는 말이 있기 때문에 '약속'이 정답입니다.

34. 목적어 뒤에는 '-을/를'이 있어야 합니다.

35. 채소 가게에서 살 수 있는 것은 '감자'입니다.

36. '초대하다'는 손님을 모임이나 행사, 파티에 오라고 부른다는 뜻입니다.

37. 빨래를 한 후에 옷은 깨끗해집니다. 그래서 '깨끗하다'가 정답입니다.

38. 택시가 빠르니까 공항에 '일찍' 도착할 겁니다.

39. '장학금'은 공부를 잘해서 받는 돈입니다. 그래서 돈을 '받다'가 정답입니다.

40. ③ 오전 여덟 시 십오 분에 도착합니다. (×) → 오후 여덟 시 십오 분에 도착합니다.

41. ② 김미정 씨가 약을 샀습니다. (×) → 김미정 씨가 약을 주었습니다.

42. ② 사무실은 화장실 옆에 있습니다. (×) → 사무실은 컴퓨터 교실 앞에 있습니다.

43. ① 아침에 늦게 일어납니다. (×) → 6시에 일어납니다. 일찍 일어납니다.
    ② 집에서 커피를 마십니다. (×) → 학교에 가서 커피를 마십니다.
    ③ 학교에서 뉴스를 봅니다. (×) → 집에서 뉴스를 봅니다.

44. ① 어머니는 오늘 돈을 찾았습니다. (×) → 어머니가 아니라 내가 돈을 찾았습니다.
    ② 지난 주에 저는 돈을 찾았습니다. (×) → 오늘 돈을 찾았습니다.
    ④ 어머니에게 돈을 보내러 은행에 갔습니다. (×) → 돈을 찾으러 은행에 갔습니다.

45. ① 수영장에서 친구를 만났습니다. (×) → 친구를 만난 후에 수영장에 갔습니다.
    ② 머리가 아파서 수영장에서 친구들과 놀았습니다. (×) → 수영하기 전에는 머리가 아프지 않
       았습니다.
    ③ 수영을 하는 동안 귀하고 머리가 아팠습니다. (×) → 수영을 한 후 아팠습니다.

46. ② 저는 일요일에 친구를 만납니다. (×) → 맞지만 중심 이야기가 아닙니다.
    ③ 저는 일요일에 영화를 볼 겁니다. (×) → 맞지만 중심 이야기가 아닙니다.
    ④ 저는 친구와 함께 영화를 볼 겁니다. (×) → 맞지만 중심 이야기가 아닙니다.

47. ① 저는 책을 읽습니다. (×) → 맞지만 중심 이야기가 아닙니다.
    ② 저는 자주 책을 빌립니다. (×) → 맞지만 중심 이야기가 아닙니다.
    ④ 저는 주말에 책을 빌리고 싶습니다. (×) → 이 이야기는 없습니다.

48. ② 바쁘면 걷기 운동을 하지 않습니다. (×) → 바쁘지만 걷기 운동을 합니다.

　　③ 피곤한 사람은 공원에 가면 좋습니다. (×) → 이 이야기는 없습니다.

　　④ 매일 공원에 가서 아픈 적이 없습니다. (×) → 걷기 운동을 해서 아픈 적이 없습니다.

49. 뒤의 문장에 '옛날에 나온 장난감, 만화, 음악'이 있기 때문입니다.

50. ① 어른들만 이 가게에 자주 갑니다. (×) → 아이들과 함께 가게에 갑니다.

　　③ 요즘 장난감 가게들이 많이 있습니다. (×) → 옛날 장난감을 파는 가게가 많습니다.

　　④ 이 가게에 가면 요즘 만화책이 많습니다. (×) → 옛날 만화책이 많습니다.

51. '열심히 노력해서'라는 말이 있으니까 '연습했기'가 정답입니다.

52. ① 박재성 씨는 발이 예쁩니다. (×) → 발이 예쁘지 않습니다.

　　③ 박재성 씨는 어릴 때부터 축구를 잘 했습니다. (×) → 축구를 못했습니다.

　　④ 박재성 씨는 발을 예쁘게 만들려고 노력했습니다. (×) → 이 이야기는 없습니다.

53. 앞에 '거실에서 함께 책을 읽습니다.'라는 문장이 있기 때문에 '부모를 따라서'가 정답입니다.
　　'-을/를 따라서'는 다른 사람의 행동을 똑같이 할 때 사용하는 표현입니다.

54. ① 아이들은 부모와 함께 놀아야 합니다. (×) → 이 이야기는 없습니다.

　　② 아이들은 텔레비전보다 책을 훨씬 좋아합니다. (×) → 이 이야기는 없습니다.

　　④ 요즘 부모들은 아이들과 책을 볼 시간이 없습니다. (×) → 이 이야기는 없습니다.

55. 수잔 씨가 이사를 했기 때문에 집들이를 합니다. '그래서'는 '그렇기 때문에'라는 뜻의 접속사입니다.

56. ② 수잔 씨는 제니 씨의 집을 모릅니다. (×) → 제니 씨가 수잔 씨의 집을 모릅니다.

　　③ 수잔 씨는 혼자 한국 음식을 만듭니다. (×) → 어머니와 함께 요리를 합니다.

　　④ 수잔 씨는 고향집에서 집들이를 합니다. (×) → 수잔 씨 집을 가려면 명동역에서 내려야 합
　　　니다.

57. 이 문제는 시제와 부사, 동사를 잘 보면 됩니다. '처음'과 '몰랐습니다.'는 말이 있기 때문에 (다)가 두 번째 문장이 되고, 몰랐는데 사람들이 도와주었으니까 (나)가 세 번째 문장이 됩니다. 마지막 문장은 미래 시제가 있는 문장 (라)가 와야 합니다.

58. 채소를 먹은 후, 달라진 점에 대한 글입니다. '접속사'와 '부사'를 잘 봐야 합니다. 두 번째 문장은 어떻게 달라졌는지에 대한 문장이 오는데, 달라진 점이 두 개가 있습니다. 그래서 먼저 (가)가 되고, 세 번째 문장은 '그리고'가 있으니까 (다)가 되고, 마지막 문장은 미래 시제가 있는 (라)가 됩니다.

59. 지역마다 다른 송편 재료를 말하는 부분에 들어가야 하니까 '㉡'이 맞습니다.

60. ① 송편은 만드는 방법과 재료는 거의 다 비슷합니다. (×) → 지역마다 다릅니다.
② 송편은 지역마다 색깔이 달라서 골라 먹어야 합니다. (×) → 이 이야기는 없습니다.
④ 제주도와 강원도 송편만 사랑받고 있습니다. (×) → 어디에서나 사랑받고 있습니다.

61. 앞에 '생활에 필요해서 요리를 배우는 것이 아니다'라는 말이 있습니다. 그래서 답은 '좋아해서'가 됩니다.

62. ① 요즘 부부가 함께 요리를 배웁니다. (×) → 이 이야기는 없습니다.
② 일을 하는 남자들은 요리를 안 합니다. (×) → 일하는 남자도 요리를 합니다.
④ 남자들은 요리사가 되기 위해서 학원에 다닙니다. (×) →이 이야기는 없습니다.

63. 흐엉 씨는 언니 결혼식 때문에 수업에 가지 못해서 선생님께 이메일을 썼습니다.

64. ① 제니 씨는 오빠의 결혼 준비를 도울 수 없습니다. (×) → 고향에 가서 도울 겁니다.
② 제니 씨는 오빠 결혼식에 선생님을 초대하고 싶습니다. (×) → 이 이야기는 없습니다.
④ 제니 씨는 고향에 있는 가족에게 선물을 줄 겁니다. (×) → 이 이야기는 없습니다.

65. '취미가 같기 때문에'라는 말이 있습니다. 취미가 같으면 우리는 쉽게 친해질 수 있습니다. 그래서 '쉽게'가 정답입니다.

66. ① 저는 매일 아침 친구들과 축구를 합니다. (×) → 일요일 아침마다 축구를 합니다.

② 저는 한국 사람들을 일주일에 한 번 만납니다. (×) → 이 이야기는 없습니다.

④ 제 취미는 사람들과 맛있는 음식을 먹는 것입니다. (×) → 제 취미는 축구하기입니다.

67. 돌로 불을 피워서 지은 밥을 바로 먹을 수 있다는 내용입니다. 그래서 '금방'이 정답입니다.

68. 이 글을 쓴 사람의 생각을 찾아야 합니다. 농촌 경험이 아이들의 교육에 도움이 될 것이라는 지은 이의 생각을 표현해야 합니다. 그래서 '-(으)ㄹ 것 같다'는 표현을 사용해야 합니다.

69. '할머니께서 저를 키워주셨습니다'라는 문장이 있기 때문에 답은 '키울'이 맞습니다.

70. ① 우리 할머니는 항상 바쁘셨습니다. (×) → 부모님이 바쁘셨습니다.

② 우리 부모님은 일찍 돌아가셨습니다. (×) → 부모님은 살아 계십니다.

③ 나는 밤늦게 병원에 가는 것을 싫어했습니다. (×) → 밤늦게 병원에 갈 수 없었습니다.

한국어능력시험 | 실전모의고사

듣기 통합대본 1, 2회

1-4 다음을 듣고 〈보기〉와 같이 물음에 맞는 답을 고르십시오. (각 3점)

보 기

가: 책을 읽어요?
나: ________________________

❶ 네, 책을 읽어요.　　　② 아니요, 책이에요.
③ 네, 책이 아니에요.　　④ 아니요, 책을 사요.

1

남자: 교실에 책상이 많아요?
여자: ________________________

① 네, 책상이에요.　　　　② 네, 책상이 없어요.
③ 아니요, 책상이 적어요.　④ 아니요, 책상이 아니에요.

2

여자: 내일 친구를 만날 거예요?
남자: ________________________

① 네, 친구가 아니에요.　　② 네, 친구를 만났어요.
③ 아니요, 친구가 없어요.　④ 아니요, 집에서 쉬려고 해요.

3

여자: 지하철역에 어떻게 가요?

남자: ____________________

① 오른쪽으로 가세요.　　② 친구하고 갑시다.

③ 지하철역이 있어요.　　④ 지하철을 타려고 해요.

4

남자: 도서관에 왜 가요?

여자: ____________________

① 책이 많아요.　　② 책을 읽으러 가요.

③ 책을 빌렸어요.　　④ 책을 살 거예요.

5-6 다음을 듣고 〈보기〉와 같이 다음 말에 이어지는 것을 고르십시오. (각 3점)

보기

가: 안녕히 주무세요.

나: ____________________

① 어서 오세요.　　② 네, 반갑습니다.

③ 정말 죄송합니다.　　❹ 네, 잘 자요.

5

여자: 처음 뵙겠습니다. 이수미입니다.

남자: _______________________

① 네, 만나서 반갑습니다.　　② 네, 실례합니다.

③ 아니요, 괜찮습니다.　　④ 안녕히 계십시오.

6

여자: (전화) 누구시라고 전해 드릴까요?

남자: _______________________

① 김영수라고 합니다.　　② 만나서 반갑습니다.

③ 잘못 거셨습니다.　　④ 안녕히 계십시오.

7-10 여기는 어디입니까? 〈보기〉와 같이 알맞은 것을 고르십시오. (각 3점)

보 기

가: 질문이 있어요?

나: 아니요, 선생님.

① 커피숍　　　② 회사　　　❸ 교실　　　④ 정류장

7

여자: 오늘 사람이 많군요.

남자: 네, 날씨가 좋아서 사람들이 산책을 많이 해요.

① 공원　　　② 시장　　　③ 극장　　　④ 편의점

8

남자: 영화가 시작돼요.

여자: 네, 지금부터 조용히 합시다.

① 병원　　　② 빵집　　　③ 극장　　　④ 노래방

9

남자: 어서 오세요. 손님.

여자: 아저씨, 동대문 시장으로 가 주세요.

① 공항　　　② 지하철역　　　③ 버스　　　④ 택시

10

여자: 뭘 도와 드릴까요?

남자: 청바지를 사고 싶은데요.

① 우체국　　　② 옷가게　　　③ 세탁소　　　④ 은행

11-14 다음은 무엇에 대해 말하고 있습니까? 〈보기〉와 같이 알맞은 것을 고르십시오. (각 3점)

보 기

가: 저는 회사에서 일해요.

나: 저는 학생이에요.

❶ 직업   ② 음식   ③ 나이   ④ 식당

11

남자: (전화) 내일 12시에 3명이 가려고 해요. 불고기 3인분 준비해 주세요.

여자: 네, 알겠습니다.

① 취미   ② 요리   ③ 예약   ④ 이름

12

여자: 어디에 사세요?

남자: 우리 집은 한국아파트 3동 205호예요.

① 주소   ② 전화번호   ③ 날씨   ④ 일

13

남자: 지금 몇 시에요?

여자: 오후 5시 10분이에요.

① 시간　　　　② 시계　　　　③ 선물　　　　④ 가격

14

여자: 어디에서 왔어요?

남자: 저는 중국 베이징에서 왔어요.

① 계획　　　　② 약속　　　　③ 인사　　　　④ 고향

15-16 다음 대화를 듣고 알맞은 그림을 고르십시오. (각 3점)

15

남자: 할머니, 제가 좀 도와 드릴까요?

할머니: 고마워요. 학생. 이 가방 좀 저기 계단 위까지 들어 주겠어요?

①

②

③

④

16

여자: 뭘 드시겠어요? 저는 냉면을 먹겠어요.

남자: 그래요? 저는 비빔밥을 먹고 싶어요.

① 

② 

③ 

④ 

17-21 다음을 듣고 〈보기〉와 같이 대화 내용과 같은 것을 고르십시오.

보 기

남자: 한국에 언제 왔어요?

여자: 한국에 온 지 3개월 됐어요.

① 남자는 한국 사람입니다.　② 여자는 지금 한국어를 배웁니다.

③ 여자는 한국을 좋아합니다.　❹ 여자는 3개월 전에 한국에 왔습니다.

17 (3점)

남자: 어제 동대문 시장에서 쇼핑 많이 했어요?

여자: 치마를 한 벌 샀어요. 운동화도 사고 싶었는데 사지 못했어요.

① 남자는 어제 동대문 시장에 갔습니다.

② 여자는 동대문 시장에서 치마를 샀습니다.

③ 남자는 어제 운동화를 사고 싶었습니다.

④ 여자는 남자하고 같이 동대문 시장에 가려고 합니다.

18 (3점)

남자: 방학 잘 지냈어요? 뭐 했어요?

여자: 방학 동안 친구하고 같이 제주도 여행을 갔는데 아주 재미있었어요.

남자: 와, 좋았겠어요. 저도 방학 동안 부산에 다녀왔어요.

① 남자는 방학 동안 제주도를 여행했습니다.

② 남자는 방학에 부산으로 여행을 갈 겁니다.

③ 여자는 제주도 여행이 아주 재미있었습니다.

④ 여자는 남자하고 같이 부산에 다녀왔습니다.

19 (3점)

남자: 마리코 씨 가족은 모두 일본에 있어요?

여자: 아니요, 부모님은 일본에 계시고, 언니는 중국에서 일해요. 마이클 씨는요?

남자: 우리 부모님은 미국에 계세요.

　　　형은 저하고 같이 한국에 있는데 대학생이에요.

여자: 방학이 되면 좋겠어요. 부모님을 빨리 만나고 싶어요.

① 남자의 부모님은 모두 일본에 계십니다.

② 여자의 언니는 지금 대학생입니다.

③ 남자는 한국에서 혼자 살고 있습니다.

④ 여자는 부모님이 많이 보고 싶습니다.

20 (3점)

남자: 3월 27일 서울에서 부산 가는 기차표를 예매하려고 하는데요.

여자: 몇 시쯤 출발하실 겁니까?

남자: 오전에 출발하는 기차를 타고 싶은데요.

여자: 오전에는 9시 기차하고 11시 30분 기차가 있습니다.

남자: 오전 9시 기차로 1장 주세요.

여자: 네, 요금은 25,000원입니다.

　　　그리고 출발 시간 10분 전에는 기차에 타 주시기 바랍니다.

① 두 사람은 부산 공항에 있습니다.

② 남자는 3월 27일에 서울에 갈 겁니다.

③ 남자는 지금 기차표를 사고 있습니다.

④ 기차 출발 시간은 9시 10분입니다.

21 (4점) 개편 샘플문항

여자: 어서 오세요. 어제 집 보러 온다고 전화한 학생 맞지요?

남자: 네. 맞아요. 이 근처에 좀 조용하고 깨끗한 방이 있을까요?

여자: 네. 이쪽으로 오세요. (뚜벅뚜벅 걷는 소리)

　　　 이 방이 깨끗하고 방값도 싸요. 어때요?

남자: 음. 방이 좀 어두운 것 같네요. 그리고 부엌이 있었으면 좋겠어요.

여자: 그럼, 다른 곳을 보여 줄게요. (뚜벅뚜벅 걷는 소리)

　　　 이 방은 좀 비싸지만 부엌도 있고 방도 밝아요.

남자: 그러네요. 이 집이 마음에 들어요.

① 남자는 어제 방을 보러 왔습니다.

② 여자는 이 근처로 이사를 올 겁니다.

③ 여자는 마음에 드는 집을 구했습니다.

④ 남자는 밝고 부엌이 있는 방을 찾습니다.

22-24 다음을 듣고 대화 내용과 같은 것을 고르십시오. (각 4점)

22

남자: 어서 오세요. 태권도를 배우러 오셨어요?

여자: 네, 고향에 있을 때 텔레비전에서 태권도 경기하는 걸 봤는데 꼭 배워 보고 싶었어요.

남자: 그러시군요. 요즈음 여성분들이 태권도를 많이 배워요.

　　　 건강에도 좋고 또 자기를 지키는 법을 배우는 운동이니까 아마 도움이 되실 거예요.

여자: 네, 저도 그렇게 생각해요. 열심히 배워 보려고 해요.

① 남자는 태권도를 배우러 여기에 왔습니다.

② 여자는 고향에서 태권도를 배운 적이 있습니다.

③ 태권도는 요즈음 남자들에게 인기가 많습니다.

④ 태권도는 건강에 도움이 되는 운동입니다.

23

남자: 날씨도 추운데 여기에서 뭐 하고 있어요?

여자: 12시에 마이클 씨를 만나서 같이 점심을 먹기로 했는데 안 와서 지금 기다리고 있어요.

남자: 벌써 12시 30분이에요. 아마 마이클 씨한테 무슨 일이 있는 것 같군요.

　　　근처에 있는 커피숍에 가서 기다리는 게 어때요?

여자: 네, 그게 좋겠어요. 커피숍에 가서 마이클 씨한테 전화도 해 보고 따뜻한 차도 한 잔 마시는 게 좋겠어요.

① 남자는 마이클 씨하고 약속을 했습니다.

② 여자는 지금 30분 동안 친구를 기다리고 있습니다.

③ 마이클 씨는 차가 막혀서 약속에 늦었습니다.

④ 여자는 남자하고 같이 커피숍에 갈 겁니다.

24

여자: 뭘 찾으세요? 제가 좀 도와드릴까요?

남자: 네, 다음 주말이 제 친구 결혼식이어서 정장을 입어야 하는데 정장에 맞는 넥타이를 하나 사려고요.

여자: 아, 그러시군요. 이 남색 넥타이 어떠세요? 요즘 많이 팔리는 넥타이인데 특히 젊은 분들이 많이 좋아하세요.

남자: 글쎄요. 좀 더 밝은 색의 넥타이 없을까요? 다른 걸 좀 보여 주세요.

① 남자는 정장을 사려고 가게에 왔습니다.

② 여자는 다음 주말에 친구 결혼식에 갈 겁니다.

③ 남자는 남색 넥타이가 마음에 들지 않습니다.

④ 요즈음 밝은 색의 넥타이가 유행하고 있습니다.

25-26 다음을 듣고 물음에 답하십시오. (각 4점)

> 여자: (딩동댕) 저희 한국 백화점을 이용해 주시는 고객 여러분 감사합니다.
> 우리 한국백화점은 설날 휴일인 1월 30일에 쉽니다.
> 그리고 오늘부터 설날 전까지 일주일 동안 설날 선물세트를 50퍼센트 할인해 드리오니 많은 관심 부탁드리겠습니다.
> 그럼, 고객 여러분 즐거운 쇼핑하시기 바랍니다. 감사합니다.

25 어떤 이야기를 하고 있는지 고르십시오.

① 안내   ② 초대   ③ 인사   ④ 신청

26 들은 내용과 같은 것을 고르십시오.

① 한국백화점은 설날에 문을 엽니다.
② 올해는 일주일 동안 설날 휴일이 있습니다.
③ 오늘부터 설날 선물세트를 싸게 팝니다.
④ 한국백화점 고객은 행복한 설날을 보냈습니다.

27-28 다음을 듣고 물음에 답하십시오. (각 4점) 개편 샘플문항

> 남자: 미영 씨, 이번 연휴 잘 보냈어요?
> 여자: 이번 연휴는 집에서 그냥 쉬었는데 연휴가 끝나고 나니까 후회되네요.
> 민수 씨는 어떻게 보냈어요?
> 남자: 저는 가족들과 경주에 다녀왔어요. 경주에서 아름다운 산도 구경하고 유명한 경주 빵도 먹었어요.
> 짧았지만 즐거운 시간이었어요.
> 여자: 아, 부러워요. 저도 기회가 있으면 경주에 한번 가 보고 싶네요.

27 어떤 이야기를 하고 있는지 고르십시오.

① 이번 연휴에 한 일　　　　② 연휴를 잘 보내는 방법
③ 연휴를 같이 보낼 사람　　④ 이번 연휴에 가고 싶은 곳

28 들은 내용과 같은 것을 고르십시오.

① 남자는 지금 후회를 하고 있습니다.
② 여자는 경주에 가 본 적이 있습니다.
③ 여자는 연휴를 아주 즐겁게 보냈습니다.
④ 남자는 가족들과 경주에 여행을 갔습니다.

29-30　다음을 듣고 물음에 답하십시오. (각 4점)

남자: 어제 철수 씨 생일파티에 왜 안 왔어요?

여자: 사실은 생일파티에 가려고 선물까지 샀는데 어제 같이 사는 친구가 아파서 같이 병원에 가야 했어요.

남자: 아, 그랬군요. 친구는 지금 좀 어때요?

여자: 병원에 다녀온 후에 괜찮아졌는데 어젯밤부터 다시 열이 나고 기침을 많이 해요. 밥도 잘 못 먹고요.

남자: 큰일이군요.

여자: 네, 그래서 오늘 수업이 끝난 후에 병원에 데리고 가려고 해요.

　　　미안하지만 철수 씨를 만나면 어제 못 가서 미안하다고 좀 전해 주세요.

　　　병원 다녀와서 전화한다고도 말해 주세요.

29 여자는 어제 왜 생일파티에 안 갔습니까?

① 생일 선물을 못 사서　　　② 친구가 많이 아파서
③ 병원에서 일해서　　　　　④ 수업이 있어서

30 들은 내용과 같은 것을 고르십시오.

① 남자는 어제 마이클 씨 생일파티에 안 갔습니다.

② 여자는 어제 아픈 친구하고 같이 병원에 갔습니다.

③ 여자의 친구는 지금 많이 좋아져서 건강합니다.

④ 여자는 오늘 철수 씨를 만나서 미안하다고 말할 겁니다.

1-4 다음을 듣고 〈보기〉와 같이 물음에 맞는 답을 고르십시오. (각 3점)

보기

가: 책을 읽어요?
나: _______________________

❶ 네, 책을 읽어요.　　　　　② 아니요, 책이에요.
③ 네, 책이 아니에요.　　　　④ 아니요, 책을 사요.

1

여자: 영수 씨가 책을 읽어요?
남자: _______________________

　　① 네, 제 친구예요.　　　　② 네, 책이 있어요.
　　③ 아니요, 숙제를 해요.　　④ 아니요, 책을 읽어요.

2

여자: 같이 공원에 갈까요?
남자: _______________________

　　① 네, 갑시다.　　　　　　② 네, 공원에 있어요.
　　③ 아니요, 운동했어요.　　④ 아니요, 공원에 가세요.

3

남자: 화장실이 어디에 있어요?

여자: ___________________________

① 화장실이에요.　　② 화장실이 많아요.

③ 교실에 가세요.　　④ 2층에 있어요.

4

여자: 이 가방 어때요?

남자: ___________________________

① 어제 샀어요.　　② 아주 예뻐요.

③ 가방이 없어요.　　④ 비쌀 거예요.

5-6 다음을 듣고 〈보기〉와 같이 다음 말에 이어지는 것을 고르십시오. (각 3점)

보기

가: 안녕히 주무세요.

나: ___________________________

① 어서 오세요.　　② 네, 반갑습니다.

③ 정말 죄송합니다.　　❹ 네, 잘 자요.

5

남자: (전화벨 소리) 거기 서울호텔이지요?

여자: _______________________

① 네, 맞습니다.　　　　　② 어서 오십시오.

③ 오랜만입니다.　　　　　④ 아니요, 미안합니다.

6

남자: 늦어서 죄송합니다.

여자: _______________________

① 네, 미안해요.　　　　　② 네, 기다리세요.

③ 아니에요, 괜찮아요.　　　④ 아니요, 고마워요.

7-10 여기는 어디입니까? 〈보기〉와 같이 알맞은 것을 고르십시오. (각 3점)

보 기

가: 질문이 있어요?

나: 아니요, 선생님.

① 커피숍　　　② 회사　　　❸ 교실　　　④ 정류장

7

여자: 어떤 집을 보여 드릴까요?

남자: 지하철역에서 가깝고 시끄럽지 않으면 좋겠어요.

① 호텔　　　② 부동산　　　③ 식당　　　④ 기숙사

8

여자: 이 생선 얼마예요?

남자: 한 마리에 삼천 원이에요.

① 시장　　　② 학교　　　③ 병원　　　④ 편의점

9

남자: 오늘 5시부터 회의가 있습니다.

여자: 네, 알겠습니다.

① 백화점　　　② 사무실　　　③ 도서관　　　④ 미용실

10

남자: 여기 여권하고 비행기표 있습니다.

여자: 네, 비행기 출발 20분 전까지 3번 탑승구로 가서 기다려 주세요.

① 여행사　　　② 은행　　　③ 화장실　　　④ 공항

11-14 다음은 무엇에 대해 말하고 있습니까? 〈보기〉와 같이 알맞은 것을 고르십시오. (각 3점)

보 기

가: 저는 회사에서 일해요.

나: 저는 학생이에요.

❶ 직업   ② 음식   ③ 나이   ④ 식당

11

여자: 내일 제 생일파티를 하려고 해요. 시간이 있으면 와 주세요.

남자: 아, 그래요? 꼭 갈게요.

① 시간   ② 초대   ③ 예약   ④ 선물

12

남자: 어제 뭐 했어요?

여자: 백화점에 가서 청바지하고 모자를 샀어요.

① 쇼핑   ② 운동   ③ 장소   ④ 계획

13

남자: 여기 김밥 2인분하고 라면 주세요.

여자: 네, 알겠습니다. 잠깐만 기다려 주세요.

① 이름   ② 주문   ③ 식당   ④ 물건

14

여자: 한국 빌딩에 가려면 어떻게 가요?

남자: 저기 사거리에서 왼쪽으로 가세요. 은행 옆 건물이에요.

① 집　　　　② 위치　　　　③ 소개　　　　④ 취미

15-16 다음 대화를 듣고 알맞은 그림을 고르십시오. (각 3점)

15

여자: 돈을 찾으려고 하는데요.

남자: 저기에서 번호표를 먼저 뽑으시고, 앉아서 기다리세요.

① 

② 

③ 

④ 

16

여자: 약속 시간에 늦을 것 같아요.

남자: 네, 퇴근 시간이어서 차가 너무 많이 막히는군요.

17-21 다음을 듣고 〈보기〉와 같이 대화 내용과 같은 것을 고르십시오.

보 기

남자: 한국에 언제 왔어요?

여자: 한국에 온 지 3개월 됐어요.

① 남자는 한국 사람입니다.　　② 여자는 지금 한국어를 배웁니다.

③ 여자는 한국을 좋아합니다.　　❹ 여자는 3개월 전에 한국에 왔습니다.

17 (3점)

> 남자: 이번 주 토요일에 제 생일파티를 하려고 하는데 올 수 있어요?
>
> 여자: 미안해요, 고향에서 부모님이 오셔서 같이 여행을 가기로 했어요.

① 남자는 지난주에 생일파티를 했습니다.
② 남자는 이번 주 토요일에 부모님을 만날 겁니다.
③ 여자는 남자의 생일파티에 가기로 했습니다.
④ 여자는 부모님하고 같이 여행을 갈 겁니다.

18 (3점)

> 남자: 아주머니, 여기 비빔냉면 하나 주세요.
>
> 여자: 비빔냉면은 아주 매운데 괜찮겠어요?
>
> 남자: 네, 저는 매운 음식을 좋아해요. 그리고 마실 물도 좀 주세요.

① 남자는 식당에서 주문을 하고 있습니다.
② 남자는 매운 비빔냉면을 먹었습니다.
③ 여자는 매운 음식을 아주 싫어합니다.
④ 여자는 비빔냉면하고 물을 시켰습니다.

19 (3점)

> 여자: 이번 주말부터 여의도에서 봄꽃 축제를 해요.
>
> 남자: 아, 그래요? 제니 씨도 갈 거예요?
>
> 여자: 네. 여의도에 가서 아름다운 꽃도 구경하고 예쁜 사진도 많이 찍고 싶어요.
>
> 남자: 저도 주말에 시간이 있는데 같이 가면 안 될까요?

① 여자는 이번 주말에 약속이 있습니다.
② 여자는 여의도에 가 본 적이 없습니다.
③ 남자는 꽃 사진 찍기를 좋아합니다.
④ 남자는 봄꽃 축제에 같이 가고 싶습니다.

20 (3점) 개편 샘플문항

남자: (따르릉) 여보세요. 한국여행사입니다.

여자: 이번 주 금요일에 제주도에 가는 비행기 표를 예약하려고 하는데요.

남자: 네. 어느 공항에서 출발하실 거죠?

여자: 인천공항요.

남자: 네. 잠시만요. (컴퓨터로 자료 검색하는 소리)

　　　죄송하지만 금요일은 자리가 없습니다. 지금 예약 가능하신 건 토요일 오후 3시입니다.

　　　예약을 해 드릴까요?

여자: 음. 아니요. 생각해 보고 다시 연락 드릴게요.

① 남자는 한국여행사에서 일합니다.

② 여자는 비행기 표를 예약했습니다.

③ 남자는 여자에게 전화를 걸었습니다.

④ 여자는 토요일에 제주도에 가려고 합니다.

21 (4점)

남자: 어떻게 오셨습니까?

여자: 감기에 걸린 것 같아요. 기침이 나고 열도 있어요.

남자: 언제부터 감기 증상이 있으셨어요?

여자: 지난 주말에 등산을 하고 나서 머리가 아프기 시작했는데 그때부터 감기가 시작된 것 같아요.

남자: 목도 붓고 열도 좀 있군요. 처방전을 드릴 테니까 약국에서 약을 사서 드시기 바랍니다.

　　　그리고 감기에 걸렸을 때는 잘 먹고 쉬셔야 돼요.

여자: 네. 알겠습니다. 감사합니다.

① 여자의 직업은 의사 선생님입니다.

② 남자는 지난 주말에 등산을 갔습니다.

③ 남자는 감기 때문에 집에서 쉬고 있습니다.

④ 여자는 처방전을 가지고 약국에 갈 겁니다.

22-24 다음을 듣고 대화 내용과 같은 것을 고르십시오. (각 4점)

22

남자: 요즈음 살이 많이 찐 것 같아서 걱정이에요.

여자: 저도 요즘 살을 빼려고 다이어트를 하고 있어요. 지난 주에 텔레비전에서 다이어트 프로그램을 소개
해 줬는데 사과 다이어트가 좋대요.

남자: 아, 그래요? 그러면 사과를 많이 먹으면 날씬해질 수 있는 거예요?

여자: 사과만 먹으면 날씬해지는 게 아니고요. 매일 식사 전에 사과를 하나씩 먹으면 밥을 덜 먹게 된대
요. 그리고 하루에 30분쯤 걷기 운동도 같이 해야 한다고 했어요.

① 두 사람은 지금 사과를 사러 가게에 갈 겁니다.

② 여자는 사과 다이어트 방법을 소개하고 있습니다.

③ 사과 다이어트를 할 때는 밥을 먹으면 안 됩니다.

④ 사과를 먹기 전에 30분 동안 걸어야 합니다.

23

남자: 뭘 도와드릴까요?

여자: 외국인등록증을 신청하려고 하는데요. 무슨 서류를 준비하면 돼요?

남자: 먼저 여권이 필요해요. 저기에 있는 외국인등록증 신청서를 작성하시고, 학생이시면 재학증명서를
가져오셔야 합니다. 그리고 사진도 한 장 준비하세요.

여자: 네, 알겠습니다. 서류를 준비해서 다시 올게요.

① 여자는 지금 외국인등록증 신청서를 쓰고 있습니다.

② 여권이 없으면 외국인등록증을 만들 수 없습니다.

③ 외국인등록증을 만들 때 서류는 필요하지 않습니다.

④ 여자는 외국인등록증에 필요한 사진을 가지고 왔습니다.

24

여자: 오늘 시간 있어요? 시간이 있으면 같이 영화 보러 갈까요?

남자: 미안해요. 내일 한국어 수업 시간에 발표가 있어서 준비해야 돼요.
　　　선생님하고 친구들한테 우리 고향을 소개하기로 했어요.

여자: 아, 그래요? 나도 궁금한데요. 마이클 씨 고향은 어떤 곳이에요?

남자: 우리 고향에는 아름다운 바다와 유명한 공원이 있어서 휴일에는 많은 사람들이 구경하러 와요. 그리
　　　고 맛있는 생선 요리도 아주 유명하고요.

① 두 사람은 수업이 끝난 후에 영화를 볼 겁니다.
② 남자는 오늘 수업 시간에 고향을 소개했습니다.
③ 남자의 고향에는 유명한 생선 요리가 있습니다.
④ 여자는 마이클 씨 고향에 여행을 가려고 합니다.

25-26　다음을 듣고 물음에 답하십시오. (각 4점)

남자: 여러분, 요즈음 먼지 때문에 걱정이 많으시죠? 그래서 오늘은 봄철에 많이 사용하는 마스크의 사용
　　　법에 대해 말씀드리려고 합니다. 먼저, 마스크는 얼굴에 꼭 맞게 쓰셔야 먼지가 코나 입으로 직접
　　　들어가지 않습니다. 특히 여성분들은 화장 때문에 마스크 안에 휴지를 넣는 분도 있는데 그렇게 하
　　　면 마스크가 얼굴에 딱 붙지 않아서 밖의 공기가 들어가기 쉬우니까 조심하시기 바랍니다.

25　어떤 이야기를 하고 있는지 고르십시오.

① 설명　　　② 감사　　　③ 부탁　　　④ 질문

26　들은 내용과 같은 것을 고르십시오.

① 봄에 마스크를 사용하는 사람들이 많습니다.
② 먼지가 코나 입으로 들어가는 것이 좋습니다.
③ 여자들은 화장 때문에 마스크를 쓰지 않습니다.
④ 마스크를 쓰면 밖의 공기가 들어가기 쉽습니다.

27-28 다음을 듣고 물음에 답하십시오. (각 4점) 32회 기출문제

남자: 이번 주 회의가 금요일 한 시지요? 두 시에 하면 좋겠는데요.

여자: 과장님, 죄송한데요. 제가 두 시에 다른 회의가 있습니다. 네 시에 하면 안 될까요?

남자: 음, 그럼 네 시에 합시다. 이번 주에는 회의 끝나고 다 같이 저녁 먹읍시다.

여자: 네, 좋아요. 저녁은 여섯 시 정도에 예약하면 되죠?

남자: 아니요, 이번 회의에서는 이야기할 게 많으니까 일곱 시로 예약하세요.

27 어떤 이야기를 하고 있는지 고르십시오.

① 회의 시간   ② 회의 장소   ③ 회의 내용   ④ 회의 결과

28 들은 내용과 같은 것을 고르십시오.

① 금요일 회의는 짧게 할 겁니다.

② 남자는 저녁 식사를 예약할 겁니다.

③ 여자는 금요일에 다른 회의가 있습니다.

④ 두 사람은 오늘 같이 저녁을 먹을 겁니다.

29-30 다음을 듣고 물음에 답하십시오. (4점)

남자: 제니 씨, 오늘 무슨 일 있어요? 기분이 정말 좋은 것 같아요.

여자: 네, 오늘 선생님께서 한국어 시험 성적표를 주시면서 장학금을 받을 거라고 말씀하셨어요.

남자: 오, 축하해요. 정말 열심히 공부했군요.

여자: 고마워요. 너무 기분이 좋아서 조금 전에 부모님께 전화로 말씀드렸어요.

남자: 어떻게 하면 제니 씨처럼 시험을 잘 볼 수 있을까요?

여자: 하하, 글쎄요. 저는 그냥 매일 수업 시간에 졸지 않고 선생님 말씀을 열심히 들었어요. 그리고 수업
      이 끝난 후에는 배운 것을 복습했고요. 그리고 수업 시간 30분 전까지 학교에 가서 그날 배울 단어
      를 미리 사전에서 찾아보고 공부했어요.

29 여자는 왜 기분이 좋습니까?

① 한국어 시험을 봐서　　　　② 장학금을 받아서
③ 한국어 공부를 열심히 해서　　④ 부모님이 전화하셔서

30 들은 내용과 같은 것을 고르십시오.

① 남자는 한국어 시험 성적표를 받았습니다.
② 여자는 오늘 부모님께 전화를 할 겁니다.
③ 여자는 매일 수업 시간에 열심히 공부했습니다.
④ 여자는 수업이 끝난 후에 단어를 외웠습니다.

TOPIK I
실전모의고사 1회
듣기, 읽기

성 명 (Name)	한 국 어 (Korean)	
	영 어 (English)	

수 험 번 호

7

※결 시 확인란	결시자의 영어 성명 및 수험번호 기재 후 표기	◯

※답안지 표기 방법(Marking examples)

바른 방법(Correct)	바르지 못한 방법(Incorrect)
●	☑ ⊙ ◐ ⊗

※ 위 사항을 지키지 않아 발생하는 불이익은 응시자에게 있습니다.

※감독관 확 인	본인 및 수험번호 표기가 정확한지 확인	(인)

번호	답 란				번호	답 란				번호	답 란				번호	답 란			
1	①	②	③	④	21	①	②	③	④	41	①	②	③	④	61	①	②	③	④
2	①	②	③	④	22	①	②	③	④	42	①	②	③	④	62	①	②	③	④
3	①	②	③	④	23	①	②	③	④	43	①	②	③	④	63	①	②	③	④
4	①	②	③	④	24	①	②	③	④	44	①	②	③	④	64	①	②	③	④
5	①	②	③	④	25	①	②	③	④	45	①	②	③	④	65	①	②	③	④
6	①	②	③	④	26	①	②	③	④	46	①	②	③	④	66	①	②	③	④
7	①	②	③	④	27	①	②	③	④	47	①	②	③	④	67	①	②	③	④
8	①	②	③	④	28	①	②	③	④	48	①	②	③	④	68	①	②	③	④
9	①	②	③	④	29	①	②	③	④	49	①	②	③	④	69	①	②	③	④
10	①	②	③	④	30	①	②	③	④	50	①	②	③	④	70	①	②	③	④
11	①	②	③	④	31	①	②	③	④	51	①	②	③	④					
12	①	②	③	④	32	①	②	③	④	52	①	②	③	④					
13	①	②	③	④	33	①	②	③	④	53	①	②	③	④					
14	①	②	③	④	34	①	②	③	④	54	①	②	③	④					
15	①	②	③	④	35	①	②	③	④	55	①	②	③	④					
16	①	②	③	④	36	①	②	③	④	56	①	②	③	④					
17	①	②	③	④	37	①	②	③	④	57	①	②	③	④					
18	①	②	③	④	38	①	②	③	④	58	①	②	③	④					
19	①	②	③	④	39	①	②	③	④	59	①	②	③	④					
20	①	②	③	④	40	①	②	③	④	60	①	②	③	④					

TOPIK I
실전모의고사 2회
듣기, 읽기

성 명 (Name)	한 국 어 (Korean)	
	영 어 (English)	

수 험 번 호

번호	답 란	번호	답 란	번호	답 란	번호	답 란
1	① ② ③ ④	21	① ② ③ ④	41	① ② ③ ④	61	① ② ③ ④
2	① ② ③ ④	22	① ② ③ ④	42	① ② ③ ④	62	① ② ③ ④
3	① ② ③ ④	23	① ② ③ ④	43	① ② ③ ④	63	① ② ③ ④
4	① ② ③ ④	24	① ② ③ ④	44	① ② ③ ④	64	① ② ③ ④
5	① ② ③ ④	25	① ② ③ ④	45	① ② ③ ④	65	① ② ③ ④
6	① ② ③ ④	26	① ② ③ ④	46	① ② ③ ④	66	① ② ③ ④
7	① ② ③ ④	27	① ② ③ ④	47	① ② ③ ④	67	① ② ③ ④
8	① ② ③ ④	28	① ② ③ ④	48	① ② ③ ④	68	① ② ③ ④
9	① ② ③ ④	29	① ② ③ ④	49	① ② ③ ④	69	① ② ③ ④
10	① ② ③ ④	30	① ② ③ ④	50	① ② ③ ④	70	① ② ③ ④
11	① ② ③ ④	31	① ② ③ ④	51	① ② ③ ④		
12	① ② ③ ④	32	① ② ③ ④	52	① ② ③ ④		
13	① ② ③ ④	33	① ② ③ ④	53	① ② ③ ④		
14	① ② ③ ④	34	① ② ③ ④	54	① ② ③ ④		
15	① ② ③ ④	35	① ② ③ ④	55	① ② ③ ④		
16	① ② ③ ④	36	① ② ③ ④	56	① ② ③ ④		
17	① ② ③ ④	37	① ② ③ ④	57	① ② ③ ④		
18	① ② ③ ④	38	① ② ③ ④	58	① ② ③ ④		
19	① ② ③ ④	39	① ② ③ ④	59	① ② ③ ④		
20	① ② ③ ④	40	① ② ③ ④	60	① ② ③ ④